... und sehet
den fleißigen Waschfrauen zu

Große Wäsche in Teltow und anderswo

2013 aufgeschrieben und zusammengestellt von

Gertrud Hintze
Helma Hörath

Autorinnen

Gertrud Hintze (Jahrgang 1945)
Berufsausbildung Stenotypistin und Industriekaufmann, Studium Berufspädagogik, Ausbildung zur Kreativitätslehrerin

Sie bietet Privatpersonen und kleinen Unternehmen eine Kreativberatung für Texte und Veranstaltungen an. Mit ihren Kenntnissen im Biografischen Schreiben hilft sie Interessierten bei der Rekonstruktion ihrer Lebensgeschichte. Kinder beschäftigen sich unter ihrer Anleitung mit dem Kreativen Schreiben und verfassten auch ein Drehbuch für den ClaB Stahnsdorf-Projektfilm „Mehrere Rätsel". Bisher erschienene Bücher: „Das Wagnis", „Meine namibische Schwester", „Unsere Eltern waren Unternehmer"

Helma Hörath
Poesiepädagogin und Kunsttherapeutin, wohnhaft vor den Toren Berlins

Seit 20 Jahren leitet sie Schreibgruppen mit Teilnehmern von 8 bis 80 Jahren. Mit einem Reisebegleiter zum Kloster Chorin und Umgebung erschien 1992 ihr erstes Buch. Seitdem schreibt und arrangiert sie vor allem Märchen für das Papiertheater Teltow und Gedichte, die sie ihren Bildern, Drucken und Collagen in Ausstellungen der Künstlerinnenvereinigung „blutorangen" zuordnet. Seit drei Jahren veröffentlicht sie im Rahmen des Projektes der Brandenburger Bücherkinder kleine Bücher mit Gedichten, Geschichten und Illustrationen von Grundschülern aus Teltow. www.helmahoerath.de

Impressum

© 2016

Nachdruck oder sonstige Vervielfältigung, auch auszugsweise, nur mit schriftlicher Genehmigung.

Fotos

privat

Herstellung und Verlag

BoD – Books on Demand, Norderstedt.
ISBN: 9783839187043

... und sehet den fleißigen Waschfrauen zu

Sie waschen, sie waschen, sie waschen den ganzen Tag. So heißt es in dem Kinderlied, dessen Text im 19. Jahrhundert entstand und unverändert weit bis ins vorige Jahrhundert hinein in den Kindergärten gesungen wurde. In einem beschwingten 2/4-Takt wird von der Wasch-Prozedur berichtet. Am Ende, so erzählt das Lied, tanzen die Waschfrauen einen ganzen Tag. Das allerdings ist keine realistische Vorstellung. Vermutlich entsprangen Worte und Noten aus der Feder eines Menschen, der niemals die Wäsche einer Familie erledigen musste. Denn die große und kleine Wäsche bedeutete bis zur Einführung der Waschmaschine eine zeitlich aufwendige und körperlich sehr schwere Arbeit, die zum größten Teil nur von Frauen erledigt werden musste.

Mit Frauen und Kindern haben die beiden Autorinnen im Teltower Heimatmuseum die historische Waschtechnik angesehen und im Seniorenclub und im Philantow zu diesem Thema erzählt und gesungen, Puppenwäsche auf alte Weise gewaschen, gewrungen und aufgehangen.

Wie solch eine Wäsche vor 60, 80 und 90 Jahren vor sich ging und wie anstrengend solch ein Waschtag war, daran erinnern sich Seniorinnen aus Teltow und Umgebung. Ihre Gedanken wandern dabei weit in die Kindheit und Jugendzeit zurück. Beide Lebensabschnitte wurden selten in Teltow verlebt. Aber da das Waschen über Jahrhunderte in fast identischer Weise verlief, ergeben sich viele Gemeinsamkeiten, doch auch ganz überraschende Besonderheiten, die dieses Buch abrunden.

Aufgeschrieben und zusammengestellt wurden die Erinnerungen der zehn Seniorinnen von Gertrud Hintze und Helma Hörath. Entstanden ist das Buch mit Unterstützung des Heimatmuseums, der Stadtverwaltung Teltow und der Gleichstellungsbeauftragten von Potsdam-Mittelmark sowie der Mittelmärkischen Wasser- und Abwasser GmbH und der Union Sozialer Einrichtungen.

V. i. S. d. P. :   Gertrud Hintze
Helma Hörath

Einleitung

Lassen Sie sich entführen, liebe Leserinnen und Leser, in die Zeit Ihrer – unserer Vorfahren, in die Zeit als das Waschen und Pflegen der Wäsche noch eine mehrtägige Arbeit war, die zudem Erfahrung, Geschick, Kraft und Ausdauer erforderte und fast ausschließlich von Frauen erledigt wurde.

In der Ausstellung „Historische Waschtechnik" im Hof der Stadtverwaltung Teltow in der Ritterstraße 14 sind alle erforderlichen Gerätschaften und Arbeitsgänge nachvollziehbar. In dieser Ausstellung werden auch Maschinen und Vorrichtungen gezeigt, die die aufwändige Handwäsche erleichtert haben. Dort werden auch die von den Autorinnen beschriebenen Geräte gezeigt, die zur Pflege der Wäsche nach dem Trocknen genutzt wurden, als da wären Bügeleisen und Wäscherollen aller Zeiten. Die Ausstellung in Teltow konzentriert sich weitestgehend auf die Methoden und Geräte, die bei Berlin üblich waren.

Die Zeitzeugenberichte dieser Edition gewähren aber auch Einblicke in die Gepflogenheiten der Menschen in anderen Regionen. Möge diese mit viel Liebe zusammengestellte Veröffentlichung den jetzt lebenden jüngeren Generationen und deren Kinder anschaulich machen, welchen Komfort uns die moderne Technik unserer wohlhabenden Zivilisation bietet.

Bedenken wir aber – weltweiter Standard ist das nicht. Es gibt auch heute noch Regionen auf unserer Erde, in denen das, was wir museal zeigen, bis heute noch nicht erschwinglich ist.

In diesem Sinne: Es lebe unser Vollwaschautomat, auch der Trockner und die Bügelmaschine und die modernen Fasern, die schnell trocknen und von allein glatt werden.

Peter Jaeckel
Heimatverein Stadt Teltow 1990 e. V.

Aus dem Inhalt

Hedwig Meden

Jahrgang 1919

Kindheit in Göttkendorf/Ostpreußen; Mutter Hausfrau, Vater bei der Eisenbahn,
im Januar 1945 nach Stahnsdorf gekommen,
1978 nach Teltow gezogen.

Meine Erinnerungen gehen zurück bis in die frühe Kindheit, das heißt bis in eine Zeit, in der ich noch nicht zur Schule ging. Keiner von uns Kindern – wir waren drei – meine Schwester war fünf Jahre älter als ich und mein Bruder zwei Jahre jünger – keiner von uns musste unserer Mutter direkt bei der Wäsche helfen. Mutti hat die Wäsche allein gemacht. Zu mir sagte sie dann: „Schäl mal Kartoffeln! Pass auf die Suppe auf!" Das waren meine Arbeiten am Waschtag. Ich war meist zu Hause. Meine Schwester nahm sich mehr Freiheit und ging ihrer Wege. Ja, als ich älter war, habe ich beim Wasserholen geholfen.

Wir wohnten anfangs in einer Mietwohnung im zweiten Stock (später hatten wir ein eigenes Haus und dort dann auch eine Waschküche auf dem Hof). Das Wasser musste von der Pumpe geholt werden. Vor dem Mietshaus stand diese Pumpe, die von allen benutzt wurde, von dort musste das Wasser nach oben in die Wohnung getragen werden. In der Küche stand eine Tonne, da wurde das Wasser erst einmal gesammelt. Die meisten Eimer trug natürlich unser Vater in die Küche. Es wurde ja immer viel Wasser gebraucht, täglich. Wenn wir uns morgens und abends gewaschen haben, brauchten wir Wasser. Fürs Kochen wurde Wasser benötigt. Fürs Wäschewaschen und fürs Spülen, um alle Seifenreste aus den Sachen rauszukriegen, musste gut gespült werden, brauchten wir viel Wasser.

Das Wasser wurde mehrmals genutzt. Im letzten Spülwasser der weißen Wäsche wurden oft die dunklen Sachen eingeweicht. Oder es wurde mit dem Waschwasser der Flur, die Wohnung gewischt. Alles roch dann nach Wäsche. Das Wasser, was noch übrig war, musste wieder mit Eimern runtergebracht werden. Wo sollte es sonst bleiben. Unsere Toilette war auf dem Hof, um den Stall rum.

Meine Mutter hatte eine extra Schürze fürs Waschen. Sie hat sich also die Schürze umgebunden, die Ärmel hochgekrempelt und dann ging es los. Und sie hat eigentlich viel gewaschen. Wir waren fünf Personen und hatten nicht so viele Sachen zum Wechseln. Die Sachen kosteten ja. Wir waren eine sehr sparsame Familie. Die dicken Sachen kamen nicht bei jedem Fleck gleich in die Wäsche. Die dunklen Mäntel und Jacken wurden mit Kaffee ausgebürstet. Meist waren dann die Flecke schon verschwunden. Gespart wurde überall. Meine Eltern sparten für ein eigenes Haus.

Alle 14 Tage wurde bestimmt gewaschen. Außerdem glaube ich, dass unsere Mutter, aber auch unser Vater sehr viel Wert darauf legten, dass wir immer ordentlich und sauber aussahen. Mein Vater war sehr eigen, mit seiner Uniform, mit der Mütze, mit den Schuhen. In der linken Hosentasche hatte er Taschenmesser, Bindfaden und einen kleinen Lappen zum Abwischen der Schuhe, was er immer tat, bevor er den Bahnhof betrat.

Wenn ich an solch einen Waschtag denke, dann fallen mir die folgende Arbeitsgänge ein: Am Nachmittag vorher wurde die Wäsche eingesammelt, alle Taschen leer gemacht, sortiert nach Farben. Dann musste noch mal Wasser von der Pumpe geholt werden. Spätestens am Abend vor dem Waschtag wurde die Wäsche eingeweicht, mit Soda. Das war der Weichmacher fürs Wasser. Oder es war Gemol drin. Ach, nein, nein, Gemol ist viel jünger, kam später. Das hab ich erst als junge Frau bei der Wäsche benutzt.

Dann wurde die eingeweichte Wäsche über Nacht stehen gelassen. Die Flecken wurden besonders behandelt. Gesondert wurden die Sachen eingeweicht, von denen meine Mutter wusste oder annahm, dass sie färben würden. Am nächsten Tag wurde etwas Wasser warm gemacht und auf die Wäsche gegossen. Die Sachen wurden dann über den Kessel abgerubbelt und, wo dann immer noch Flecken zu sehen waren, wurden diese Stellen mit Schmierseife, einer gekörnter, grünen Seife, eingerieben. Dann kam alles in den großen Waschkessel.

Meine Mutter hatte einen sehr großen Topf, der direkt auf die Feuerstelle kam. Innen war ein Einsatz aus Metall, aus Kupfer, glaube ich. Die Wäsche wurde darin richtig gekocht. Sie war heiß und dampfte und konnte auch anbrennen, was meiner Mutter mal passierte, weil dieser Einsatz, der das eigentlich verhindern sollte, wohl verrutscht war. Oder er war kaputt. Ich weiß es nicht mehr. Glücklicherweise war nicht so viel Wäsche verdorben, aber es war doch ärgerlich.

In diesem Waschkessel, da war schon das Persilwasser drin oder auch ein anderes Waschpulver. Aber nein, meine Mutter hat immer mit Persil gewaschen. Da gab es schon Persil. Persil-Päckchen hatte Mutti immer zu stehen. Da flogen ja auch die Flugzeuge mit der Reklamefahne. Und dann kamen auch die Reisevertreter, die machten Halt an der Gaststätte gegenüber und lockten mit Werbematerial. Wir sind über die Straße dorthin gelaufen. Broschüren, Hefte und Bilder wurden verteilt. Und sie fragten uns dann: „Womit wäscht deine Mutti? Oh, mit Persil, das ist gut." „Nein, weiß ich nicht. Nicht mit Persil." Und gerade die wurden bevorzugt. Es wurde dann mal was billig angeboten, auch mal ein Kaffee oder eine Brause spendiert. Ja, das war das Persil, mit dem gewaschen wurde.

Zuerst kam die weiße Wäsche dran. Nach dem Einweichen und der Vorwäsche wurde die Wäsche gekocht. Mit einem Holzknüppel auch runtergestoßen ins Seifenwasser, im Topf umgewendet, umgerührt. Und wenn es überkochte, da war manchmal auch Panne, dann lief die Lauge die ganze Küche lang. Das musste man sofort wegwischen. Denn das war glibbrig und machte den Fußboden rutschig.

Dann musste man abwarten, bis die Wäsche etwas abgekühlt war. Aber sie war immer noch heiß. Mit einer großen, hölzernen Zange wurde die Wäsche aus der Lauge raus genommen. Dann wurde alles in eine Waschwanne oder in verschiedene Zuber, was man eben so hatte, reingelegt. Manche nahmen für das Rausholen der Wäschestücke aus dem heißen Wasser auch das Waschbrett zur Hilfe.

Wenn die Wäsche abgekühlt war, wurde alles noch einmal durchgerubbelt. Natürlich mit der Hand. Und, wenn nötig, nahm man auch noch eine Bürste. Da war am Waschbrett eine Vorrichtung zur Ablage der Bürste. Mit der Bürste wurde dann die Wäsche bearbeitet, die nach der Vorwäsche und dem Kochen noch schmutzig waren. Dann musste alles gut gespült werden.

Unsere Mutter hat in der Küche gewaschen. Alles hat sie dort gewaschen, die kleinen Stücke und auch die großen Wäsche hat sie dort gemacht. Eine richtige Waschküche hatten wir erst in unserem eigenen Haus. Da war es schön. Ich war 13 Jahre alt, als wir umgezogen sind. Vorher hatten wir ja nur die Wohnung zur Miete. Neben der Familie des Hausbesitzers, der Parterre wohnte, und uns, gab es noch eine Familie. Alle haben in ihrer Küche gewaschen. Die Frau vom Hausbesitzer konnte zum Wäschewaschen neben der Küche auch den Hausflur benutzen. Sie wohnten ganz unten. Die Fenster wurden geöffnet, die Zuber rausgestellt zum Abdampfen und dann wieder zurückgeholt und gewaschen.

Gegenüber unserer Wohnung war der Hausboden. Meine Mutter hat auch dort auf dem Boden und auf dem Gang, der an der Dachschräge war, gewaschen. Dort hatten wir natürlich auch Wäscheleinen zum Aufhängen.

Wenn das Wetter schlecht war oder im Winter, wurde nämlich die Wäsche auf dem Boden getrocknet. Im Sommer, wenn es nicht regnete, wurde die Wäsche zum Trocknen nach unten gebracht. Das Runtertragen war schwer, denn die Wäsche war nicht so trocken, wie sie heute aus der Waschmaschine kommt. Mutti hat alles mit der Hand gemacht, auch das Auswringen. Es gab diese Holzwringen mit Kurbel, aber meine Mutter hatte so etwas nicht, das kostete ja Geld, die Eltern sparten doch für das Haus.

Es gab nur einen Trockenplatz. Die drei Wohnparteien mussten sich also abstimmen, wann wer die Wäsche im Freien trocknen konnte. Der Hauswirt hatte einen Anger, der war eingezäunt. Die Pforte stand offen für die Hühner und Gänse. Sie war geschlossen, wenn Wäsche dort trocknete. Über den Zaun gingen die Hühner nicht.

Wir Kinder hatten am Waschtag die Aufgabe, die Wiese zu säubern, richtig abzusammeln und ganz sauber zu harken, vor allem von Hühner- und Gänsedreck zu befreien. Es durfte nichts liegen bleiben. Wurde was übersehen, dann verschmutzte die frisch gewaschene und zum Bleichen direkt auf die Wiese ausgelegte weiße Wäsche. Das war wirklich sehr ärgerlich, denn nun musste dieses Stück noch einmal gewaschen werden.

Und wenn nicht alle Flecken rausgegangen waren, dann wurde die Wäsche noch mit SIL nachgekocht, damit sie schön weiß wurde. Am Waschtag wurden die Leinen neu gespannt und festgezogen, was in der Regel unser Vater machte.

Zum Bleichen wurden die weißen Wäschestücke auf die Wiese gelegt, von der einen Seite gegossen und gewartet, bis die Sonne sie getrocknet und dabei gebleicht, also alles Gelbe und Graue herausgezogen, hatte. Dann wurden die Teile gedreht, von der anderen Seite begossen und getrocknet. Oftmals dauerte der Bleichvorgang zwei Tage. Die Stoffe waren auch dicker als heute, sie brauchten länger zum Trocknen. Wenn man Pech hatte und es regnete zwischendurch und man schaffte es nicht, die Wäsche einzusammeln, oder sie war sowieso noch feucht, dann blieb sie liegen und es dauerte alles noch länger.

Oder die Leine riss – an den Haken der Pfosten musste mein Vater sie immer ganz festziehen -, riss die Leine, dann fing alles von vorn an. Manchmal war der Wind so stark, die Wäschestützen fielen um oder zerbrachen und die Wäsche lag dann auf der Erde. Auch diese Stücke mussten noch mal gewaschen werden oder zumindest der lose Schmutz musste abgespült werden. Die Wäschestützen waren meist dicke, lange Aststücke mit einer Astgabelung. In diese Gabelung wurde die Leine eingelegt und, wenn man die Wäschestütze aufgestellte, wurde die Leine straff und mit ihr die Wäsche nach oben in den Wind geschoben.

Die Wäschestücke wurden vor dem Aufhängen sortiert, damit alles ordentlich nach Art (also zum Beispiel die Unterwäsche zusammen und die Strümpfe zusammen) und auch nach ihrer Größe auf der Leine hintereinander hing. Da wurde nicht kreuz und quer, groß und klein durcheinander gehangen. Auch die Farben wurden beachtet. Es musste ein schönes Bild sein. Die Klammern mussten so gesteckt werden, dass möglichst wenig Knicke beim Trocknen entstanden. Die mussten ja dann beim Bügeln wieder entfernt werden.

Wenn die Wäsche an der Leine flatterte, war Mutti stolz darauf. Die Vorbeigehenden begutachteten das Ganze und sagten dann, was wir für schöne Wäsche hätten. Bunte Frottehandtücher wurden besonders bestaunt. Aber wir hatten meist weiße handgewebte Tücher und Sachen wie die Hemden meines Vaters mit gesticktem Monogramm. Die Handtücher waren selbst gewebt von der Großmutter, also der Mutter unseres Vaters. Wenn draußen aufgehangen worden war, dann passierte es auch, dass Stücke gestohlen wurden. Schöne Schürzen oder andere Sachen verschwanden manchmal von der Leine. Die Leute meinten, es waren die Zigeuner, wir sagten damals so. Ob das die Wahrheit war, das wusste keiner. Ich habe das niemals gesehen. Wir sind mit diesen Geschichten aufgewachsen.

Wenn die Wäsche schon auf der Leine sortiert war, dann hatte man es beim Abnehmen leichter und musste nicht mehr auf das Ordnen, sondern nur noch auf kaputte Stellen, auf Löcher u. ä. achten. Die Wäsche, die ausgebessert werden musste, kam gleich extra. Wenn eine Naht aufgetrennt war, nähte das meine Mutter. Sie hatte eine Nähmaschine.

Als ich größer war und in der Schule Handarbeitsunterricht hatte, half ich mit. Und ich war wirklich gut, sogar meine Lehrerin gab mir ihre Wäsche zum Ausbessern oder ihre Strümpfe – sie trug vor allem graue – zum feinen Stopfen.

Zum Bügeln wurde die Wäsche gesammelt. Die Bettwäsche, wir hatten buntkariertes Bettzeug, wurde meist gar nicht gebügelt. Sie wurde nur über Eck gerade gezogen und kam dann wieder auf die Betten. Die Kniffe waren in dem Muster nicht so sichtbar oder wir hatten vielleicht auch nicht so viel Bettwäsche, ich weiß nicht mehr. Die anderen Sachen vor allem auch die Oberhemden meines Vaters wurden gebügelt. Die guten Oberhemden und die Kragen gab meine Mutter aber zum Bügeln weg. Da durfte kein einziges Fältchen sein. Die Hemden wurden nicht nur einmal angezogen. Da gab es diese extra Kragen, die gewechselt wurden, eingeknöpft, wenn einer durchgeschwitzt war.

Die großen Tischtücher kamen in die Rolle. Da wir keine hatten, musste Mutter vorher im Geschäft einen Termin ausmachen. Alles andere hat meine Mutter zu Hause gebügelt. Dann nahm sie ein durchglühtes Stück Holzkohle oder Presskohle, Brikett, aus dem Herd, steckte es in das eiserne Plätteisen, schloss die Klappe oben. Dann wurde das Eisen hin- und hergeschwenkt, damit es richtig durchwärmte. Aber gleichzeitig auch etwas abkühlte. Die Wäsche sollte glatt, aber auf keinen Fall vom Bügeleisen versengt werden. Getestet wurde das an einem Stück Papier. Elektrizität hatten wir am Anfang nicht. Das kam erst, als ich so etwa zehn Jahre alt war.

Ich selbst habe noch Jahrzehnte gewaschen wie meine Mutter, auch als junge Frau mit eigener Familie. In Stahnsdorf in der Gastwirtschaft Mitte der 1950er Jahre hatte ich keine stark verschmutzte Wäsche, weil wir kein Essenangebot hatten. Die Kochwäsche mit Schürzen und Hemden habe ich mit der Hand durchgewaschen. Die andere Wäsche wie Tischtücher und Handtücher habe ich in die Wäscherei gegeben.

Meine erste Waschmaschine hatte ich erst hier in Teltow. Das war schon ein Erlebnis. Wenn es nach meinem Mann gegangen wäre, dann hätte ich schon viel früher eine Waschmaschine haben können. Aber ich wollte nicht, aus verschiedenen Gründen, vor allem, dann hätte ich ja alles selbst waschen müssen.

(Diese Erinnerungen wurden aufgeschrieben von Helma Hörath.)

Große Wäsche

Volksweise

Rin=gel Rin=gel Ro=sen=kranz, setz ein Töpf=chen Was=ser bei,
mor=gen wolln wir wa = schen, klei=ne Wä=sche, gro = ße Wä=sche,
al = ler=hand sehr schö = ne Wä=sche. Ki = ke = ri = ki = ki.

Kinderreim

* Bei diesem Rufe hocken die Kinder nieder.

Käthe Folger
Jahrgang 1920

Ich war ungefähr sieben Jahre als mich meine Stiefmutter beauftragte, täglich das Wasser für unseren Haushalt vom Hof in die erste Etage und das Abwasser wieder in den Abfluss im Hof hinunter zu tragen.

An den Tagen der großen Wäsche musste ich als etwa zehnjähriges Kind ungefähr zwölf Eimer Wasser pumpen, mit der Schwengelpumpe. Und dann von der Pumpe im Hof bis ins Waschhaus hineintragen - das waren ungefähr fünf Meter – und dort in den Waschkessel füllen. Ich füllte die Eimer nicht voll, damit meine Kraft für diese Arbeit ausreichte.

Auch mehrere Holzwannen füllte ich mit Wasser zum Spülen der Wäsche. Ablassen konnte man daraus das Wasser, indem man den Holzstopfen herauszog. Das Wasser verteilte sich auf dem Fußboden der Waschküche in Richtung Abfluss.

Ich habe auch Wäsche zum Trocknen im Hof auf die Leine aufgehängt, im Winter auf dem Dachboden, und die getrocknete Wäsche abgenommen und zusammengelegt.

Als ich 1942 verheiratet war, lebten wir in Saalfeld am Hohen Schwarm in sehr bescheiden Wohnverhältnissen. Im Keller befand sich ein Wasseranschluss. Von dort holte ich das Wasser in die Wohnung, Abwasser wurde im Hof in den Abfluss geschüttet. Gewaschen wurde in der Zinkwanne auf dem Waschbrett oder mit der Bürste. Im November wurde das Wasser abgestellt. Wir hatten eine Waschküche, die mehrere Mietparteien nutzten. Da ich das Baby hatte, musste ich ja häufiger waschen und bekam nicht immer in der Waschküche die Gelegenheit dazu. Also musste alles in der Küche in einer kleinen Wanne verrichtet werden. Das Baby wurde ebenfalls darin gebadet, oft wurde das Badewasser zum Aufwischen der Wohnung benutzt, schließlich konnte ich auf diese Weise einen Transportweg einsparen. Manchmal nach dem Baden wurden gleich die Windeln im Badewasser gewaschen. Die Windeln waren aus Stoff, ihr Inhalt wurde ausgespült und dann wurden sie im Wäschetopf abgekocht und dann sauber gerubbelt. Als meine Tochter Barbara geboren war, gab es ja kaum Windeln zu kaufen, 1946. Also musste fast täglich gewaschen werden. Die Wohnung war primitiv, im Winter nicht wärmer als ungefähr 15 Grad in der Nähe des Küchenherdes, so war die Tapete feucht. Obwohl zum Trocknen der Babywäsche im Hof meist eine Ecke frei war.

Dann war das Schlimme: man bekam ja nicht einmal Waschpulver zu kaufen. Es war ja nichts vorhanden. Hergestellt wurde eigentlich Persil und eine Schmierseife – solch eine gelbliche Paste mit weißen Seifenflocken darin - aber man musste schon Glück haben, so etwas zu erstehen. Von Saalfeld nach Rudolstadt bin ich gefahren, weil mir eine Nachbarin erzählte, dass es dort noch Henko – dieses Bleich-Soda zum Einweichen – gab . Also fuhr ich 16 Kilometer mit dem Bus dort hin, um eine Zuteilung von zwei oder drei kleinen Paketen Henko zu kaufen. Dann wurde ja alles mit der Hand auf dem Waschbrett gewaschen und alle Seifen waren aggressiv, so dass man sich oft die Fingerknöchel wund gerieben hatte. Hautkrem gab es ja auch nicht, also war das Waschen mitunter eine schmerzhafte Angelegenheit.

Zu unserer nächsten Wohnung gehörte ein Waschhaus für vier Familien. Erst wenn man das Waschmittel und das Brennmaterial besorgt hatte, konnte man sich anmelden, um die große Wäsche zu erledigen. Im Waschkessel wurde die Wäsche am Vorabend eingeweicht, dann wurde am nächsten Morgen Feuer unter dem Kessel angezündet, die Wäsche gekocht und immer wieder gestukt, dann wurde sie in einer daneben stehenden Wanne mit Hilfe des Waschbretts gewaschen und abschließend gespült. Auch die Nutzung des Trockenbodens musste angemeldet werden.

Das Heizmaterial zusammenzutragen, war ebenfalls schwierig. Briketts gab es wenig und nur auf Bezugschein. Manchmal ging mein Mann abends spät zum Bahnhof, um Kohle aufzusammeln, die während der Zugfahrt vom Waggon gefallen war. So ganz legal war das ja nicht, er trug sie in der Winterjacke nach Hause.

1946/47 zog er auch mit einem Handwagen und einer Reiserstange (langer Ast) in den Wald, um dürre Äste aus den Baumkronen zu schlagen – oft war nichts mehr da. Also 7 km Fußweg hin und 7 km zurück – umsonst. Aber in der Stadt gab es ja nichts Brennbares mehr.

Übrigens stellten die anderen Hausfrauen neben dem gefüllten Waschkessel schon ihre Eimer auf mit der Bitte um das restliche Waschwasser. Sparsamkeit. Einen bestimmten Rhythmus für die Erledigung der großen Wäsche hatte ich nicht. Für uns vier Personen besaß ich sieben Mal Bezüge, also konnte ich nicht einfach für alle die Bettwäsche wechseln. So wurde für einen immer die Bettwäsche an einem Schönwettertag im Topf gewaschen und gleich nach dem Trocknen wieder aufgezogen. Ich hatte mir zu der Zeit immer gewünscht, dass ich einmal ausreichend Bettwäsche besitzen würde.

Dann erlebten wir 1954 ein großes Glück: In Saalfeld gab es zwar ein Waschmaschinenwerk , aber für die private Anschaffung waren nicht genügend Waschmaschinen im Handel und im übrigen waren sie zu teuer. Deshalb wurde durch die Stadt eine Selbstbedienungswäscherei eingerichtet. Man musste sich anmelden, dann konnte man die Einrichtung nutzen. Große Tische, acht Waschmaschinen. Es gab das Waschmittel Wok zu kaufen.

Am Abend vor dem eigentlichen Waschen zog ich mit dem Handwagen voller Wäsche dort hin, um sie einzuweichen. An diesen Waschmaschinen war eine elektrische Wringe, so dass die Wäsche aus dem Einweichwasser gleich in die Maschine gelegt werden konnte. Für die Spülgänge standen dort große, einzementierte Bottiche mit Abfluss, das war ein Erfolg! Und eine große Schleuder mit Fächern konnte genutzt werden. So konnte ich nach zwei bis drei Stunden mit einem Korb voll frisch gewaschener, nasser Wäsche im Handwagen den Heimweg antreten – so ungefähr 1,5 km durch die Stadt – um dort die Wäsche auf die Leine zu hängen.

Wenn mein Mann arbeitsfrei hatte an meinem Waschtag, ging er mit mir. Wir hatten viel Wäsche, so dass wir manchmal gleich zwei Maschinen mieteten, die Stunde kostete 1,50 Mark, das war preiswert. So alle 14 Tage oder drei Wochen trugen wir uns auf die Warteliste ein. Mit Linda wurde gewaschen und Seifenpulver war auch manchmal vorhanden. Mein Mann hat gespült und geschleudert.

Einmal war ich während eines Gewitters allein – mein Mann musste in den Dienst – mit dem Handwagen unterwegs. Ich war völlig nass geschwitzt vor Angst.

Die Arbeitszeit in der Selbstbedienungswäscherei war nett, weil gesellig und manchmal ganz lustig. Man traf sich dort. Wir waren alle sehr glücklich über diese Errungenschaft. Eines Tages wurde publik, dass diese Einrichtung – nach nunmehr vier Jahren – geschlossen werden soll. Das Waschmaschinenwerk wurde geschlossen und somit unsere so komfortable Waschanstalt.

Da haben wir uns mit einem Brief an die Regierung gewandt. Unsere Proteste fanden zwar Beachtung – ein Reporter des Berliner Rundfunks schilderte in einer Sendung unsere Situation. Genützt hat es nichts. Später zog eine Bäckerei in das Gebäude der Stadtwäscherei ein, für die es leider keinen anderen Platz als Ersatz gab.

Wir waren sehr unglücklich, denn niemand von uns hatte ja zu Hause einen solchen Komfort. Und selbst wenn man das Geld für eine Waschmaschine zusammenbringen konnte, es gab ja keine zu kaufen. Eine aus unserem Haus hatte so einen elektrisch betriebenen Kessel zum Kochen der Wäsche. Mit einer Art Quirl, wurde die Wäsche hin- und herbewegt. Und eine andere hatte eine Wringe, die sich an die Spülwanne anschrauben ließ. So haben wir uns dann selbst geholfen.

Ich arbeitete damals als Kindergärtnerin. Zwei Pullover und eine Bluse besaß ich, und das reichte. Musste reichen. Sonntags haben wir Kolleginnen uns immer im „Loch" getroffen, in einer historischen Gaststätte. Immer in derselben Bluse. Die anderen hatten ja auch nicht mehr Bekleidung. Aber wir waren zufrieden.

Einmal im heißen Sommer – das muss so 1948 gewesen sein – hatte meine Tochter kein Sommerkleid. Da bin ich mit ihr deswegen zum Einkaufen von Saalfeld nach Ruldolstadt gefahren, von dort hat man uns nach Bad Blankenburg geschickt. Doch vergebens.

Freitagabends habe ich die Kinder in der Zinkwanne gebadet, in der Küche. Ein Badezimmer hatten wir nicht. Anschließend wurde dann die kleine Wäsche in dem Wasser gewaschen. Und mein Mann hielt dann die Küchenlampe aus dem Fenster, damit ich unten im so beleuchteten Hof die Wäsche aufhängen konnte, abends um zehn oder später. Ich war ja berufstätig.

Eine Nachbarin hatte herausgefunden, dass sich auch das „Kartoffelwasser" zum Waschen eignete. In Thüringen isst man ja häufig Klöße. Also, nachdem die rohen geriebenen Kartoffeln ausgepresst waren, setzte sich die Kartoffelstärke auf dem Boden des Gefäßes ab. Dann gossen wir das Wasser vorsichtig ab und verwendeten es als Waschwasser für Strümpfe und Buntes. Es eignete sich hervorragend. Ach, und die Kartoffelstärke verwendeten wir zum Stärken von Tischwäsche zum Beispiel. Wenn die Oma Wulfert, eine Nachbarin aus dem Hause, für ihre große Familie Klöße zubereitete, gab sie schon vorher Bescheid, dass ich mir nachher das Wasser abholen könne.

Einmal passierte ein großes Missgeschick: Ich hatte abends gewaschen und die Wäsche zum Trocknen auf das Ofenrohr in der Küche gelegt. Da würde sie von der Restwärme bis zum Morgen trocknen. Und mein Mann musste früh um halb vier aus dem Haus und dachte, uns etwas Gutes zu tun, indem er schon den Ofen anheizte. Als ich früh in die Küche kam, entfachte ich durch den Luftzug eine Flamme und die Wäsche auf dem Ofenrohr verbrannte. Die Strümpfe für die Kinder, Unterwäsche ... eigentlich sollten sie am Morgen alles frisch gewaschen anziehen können. Die Wäsche hat mir dann so gefehlt.

Das war das größte Missgeschick. Ansonsten hab ich immer aufgepasst, dass nichts anbrennt, nichts verfärbt. Gebügelt wurde damals alles, denn das Material Zellwolle war sonst nicht tragbar. Aus Baumwollgarn waren die Gardinen, die wir uns später leisten konnten. Wir haben sie einmal im Jahr gewaschen. Nach Terminvereinbarung brachte man sie zum Spannen, damit sie wieder ihre Form bekamen. So lebte man dann eben drei Tage ohne Gardinen. Das ging allen so.

Flecken in der Wäsche behandelten wir mit Fleckensalz. Manchmal ging davon auch die Farbe aus.

Viele Frauen haben auf einer Wiese an der Saale die Wäsche gebleicht. Das Wasser aus der Saale war sauber und man konnte die auf der Wiese ausgebreitete weiße Wäsche damit gut benetzen. Ich war vielleicht dreimal dort, aber das war mir mit den beiden Kindern zu aufwändig. Man konnte ja die Wäsche nicht unbeaufsichtigt dort liegen lassen. Ich hab dann zu Hause auf dem Hof mittels Gießkanne die

Wäsche auf der Leine immer wieder befeuchtet, und so ebenfalls einen Bleicheffekt erzielt.

Wäsche reparierten wir im Kolleginnenkreis. Immer donnerstags trafen wir uns reihum bei einer Kollegin zu Hause. Da hatten wir dann Gelegenheit zur Unterhaltung, denn die Besorgungen für das tägliche Leben nahmen viel Zeit in Anspruch. Vorher kaufte sich dazu jede in der Imbissstube ein kleines Tütchen Bohnenkaffee zu 0,70 Mark für eine Tasse Kaffee.

Anfang der sechziger Jahre brachten wir die Bettwäsche auch manchmal in die einzige Wäscherei der Stadt, von wo wir sie schrankfertig wieder abholten. Als Kunde musste man anfragen, wann man die Wäsche bringen konnte. Manchmal lag der Termin in 14 Tagen.

Meine erste Waschmaschine war 1974 ein tschechisches Fabrikat, 220 Volt. Unser Stromanschluss war aber nur für 110 Volt geeignet, also musste ein Transformator dazwischen geschaltet werden. Die Waschmaschine richtete leider viele Schäden an der Wäsche an. So manches Stück franste aus.

Viele Jahre später – da besaß ich dann den Waschvollautomat aus dem VEB Waschgerätewerk Schwarzenberg mit integrierter Schleuder. Da habe ich mir jede Woche das Bett frisch überzogen. Das war mein größter Genuss – diese Frische!

(Diese Erinnerungen wurden aufgeschrieben von Gertrud Hintze.)

Ilse Schmidt
Jahrgang 1926

Kindheit in Stendell bei Schwedt – Mutter Hausfrau und
Bäuerin, Vater bei der Bahn. 1954 nach Teltow gezogen

Meine Mutter kam aus ziemlich ärmlichen Verhältnissen.
Sie war in Stellung, also Magd, und war verlobt, als ihre
Schwester starb. Wie das damals so üblich war, musste sie
ihre Verlobung lösen und den Schwager mit drei Kindern
heiraten. Meine Erinnerungen reichen bis zu meinem zehn-
ten Lebensjahr zurück, vor allem, wenn ich an das Wäschewaschen denke. Trotzdem habe ich nicht immer konk-
rete und vor allem richtig zusammenhängende Erinnerungen. Ich hatte große Schwestern, die meist die Wäsche
machten. Also sind meine Erinnerungen an das Wäschewaschen nur bruchstückhaft.

Ja, also, da kann ich sagen, ja, ich kann mich zum Beispiel
nicht erinnern, ob die Wäsche vorher eingeweicht wurde.
Mutter hatte ein Haus von Tante und Onkel geerbt. Bis zum
Krieg stand das zweite Einfamilienhaus, das auch zum Fa-
milienbesitz gehörte, daneben leer, war nicht bewohnt. Und
da war noch ein Haus von der anderen Schwester der
Großmutter bzw. jede Familie hatte einen Teil des Hauses.
Alle drei Häuser hatten aber nur eine Pumpe, die aber nicht
auf unserem Hof stand. Wir hätten das Wasser mindestens
50 Meter weit zu uns herüberholen müssen. Im Sommer
wurde darum die Wäsche dort in der Küche des leer stehenden Hauses gemacht. Eine Waschküche gab es nicht.
Aber ich weiß, dass da ein Waschkessel in der Küche dieses Hauses war. Das Wasser wurde aus der Pumpe dorthin

geholt und gewaschen wurde dort. Erst später hatten wir eine eigene Pumpe auf dem Hof.

Aufgehangen wurde im Winter im Tabakschuppen. Der war schon gebaut, als ich zehn Jahre alt war. Ja, da muss ich jetzt was erklären. Mein Vater starb, als ich zwei Jahre alt war. Mutter erhielt für sich und für uns Kinder aus dem Pensionsfonds der Bahn ganz regelmäßig einmal im Monat eine Summe. Und das auch in der Zeit der großen Arbeitslosigkeit. Mit diesem Geld, mit dieser sicheren und regelmäßigen Zahlung im Hintergrund, und mit unserem Wohnhaus, zu dem schon etwas Land dazu gehörte, ging unsere Mutter daran, eine Landwirtschaft aufzubauen. Sie kaufte Land dazu, schaffte Maschinen an und erweiterte den Hof um den Tabakschuppen und die große Scheune. Wir hatten auch einen Kutschwagen, mit dem wir am Sonntag oft unsere weitverzweigte Familie in der Umgebung besuchten. Oder die Verwandten kamen zu uns, um in der Landwirtschaft zu helfen, aber auch um uns am Sonntag zu sehen. Dann holte Mutter die Damast-Tischtücher heraus und wir saßen in der guten Stube zusammen. Das sind schöne Erinnerungen.

Im Winter wurde also die Wäsche im Tabakschuppen getrocknet. Im Sommer war es dann so, dass wir im Vorgarten unseres Hauses mehrere Spültöpfe zu stehen hatten und wir die Wäsche dort gespült haben, also draußen im Freien. Das Wasser wurden dann auf die Straße oder in den Garten gegossen. Zwischen den Bäumen wurden Leinen gezogen und dann wurde die Wäsche dort auch zum Trocknen aufgehangen.

Ich kann heute nicht mehr sagen, wie oft Wäsche gemacht wurde. Ich weiß aber, dass die Bettwäsche alle vier Wochen gewaschen wurde. Meiner Meinung nach auch die Handtücher, aber da bin ich nicht sicher.

Als Unterwäsche hatten wir Leinenhemden, die oben zum Knöpfen waren. Die haben wir auch nachts angehabt. Eine Woche haben wir sie getragen. Wir hatten keine extra Nachthemden, da wurden alte Blusen genommen. Wir waren ja viele Menschen, sieben Personen. Trotzdem wir die Sicherheit mit der Pension hatten, mussten wir sehr sparsam leben, so sparsam wie nur irgend möglich.

Wie oft die Leibwäsche gewaschen wurde? Ich kann mich wirklich nicht erinnern. Ich weiß aber, dass ich mein Hemd eine Woche getragen habe. Wir hatten also Unterwäsche mindestens einmal zum Wechseln. Also kann es sein, dass die Leibwäsche alle zwei Wochen gewaschen wurde.

Morgens und abends haben wir uns in einer Schüssel in der Küche gewaschen. Die Handtücher wurden gemeinsam benutzt. Heute habe ich nur für mich alleine mehrere, also fünf Handtücher gleichzeitig in Gebrauch. Aber stellen Sie sich mal vor, was da zusammengekommen wäre von sieben Personen und das täglich! Also, das war unmöglich. Ich kann mich nicht erinnern, dass bei uns 35 Handtücher oder mehrere Seifentücher für jeden, für oben und unten, gehangen haben. Aber wir sind sauber zur Schule gegangen. Auch unsere Küche war sauber. Mutter hat an Türen und Fenstern mit dem Finger die Rillen auf Schmutz geprüft.

Wir haben ganz bescheiden gelebt, in einem Haus, einem Einfamilienhaus, dessen Räumlichkeit aber nicht viel größer als meine heutige Wohnung war. Oben auf dem Boden war noch ein Zimmer, das war der Schlafraum für meine Geschwister. Ich habe mit Mutter unten geschlafen. Wir hatten für uns alle nur einen Schrank für gute Kleidung. Also, wo sollten die Sachen bleiben. Aber wir brauchten ja vor allem Arbeitsbekleidung, gute Sachen nur für Sonntag.

Das Leben spielte sich tagsüber in der Küche ab und nach dem Abendbrot in dem einen Wohnraum. Nur der wurde im Winter beheizt. Die gute Stube wurde nur benutzt, wenn Besuch da war. Wir hätten uns mit unserer Arbeitskleidung ja auch nicht auf die guten Stühle setzen können.

Arbeiten mussten wir alle viel. Die Tiere mussten versorgt werden. Und da passierte das meiste vor dem Frühstück. Ich stand um 5 Uhr auf. Das Essen für alle musste vorbereitet werden. Aber da wir eine eigene Landwirtschaft hatten, konnten wir uns bestimmte Arbeiten auch einteilen, die mussten wir auch einteilen. Wenn Wäsche angesetzt war, dann fuhren eben nicht aufs Feld, sondern blieben auf dem Hof, um die Wäsche zu machen. Ich habe nicht mehr viele Erinnerungen. Aber ich weiß noch, dass wir eine eigene Rolle für die großen Wäschestücke hatten. Mutter hat sich um die Bügelwäsche gekümmert.

Auf dem Boden hatten wir eine Kommode mit Flicken und abgelegter Kleidung, um zerrissene Sachen auszubessern oder aus mehreren alten Sachen etwas Neues zu machen. Auch Schürzen wurden geflickt. Das haben meine Schwestern, meine Halbschwestern, gemacht. Auf dem Dorf war es so üblich, dass die Mädchen Nähen lernten, bei Schneiderinnen in der Stadt. Meine Schwestern lernten es. Ich hatte nicht so ein Talent. Unsere Kleidung – vor allem die zur

Arbeit – wurde selbst genäht. Aber auch meine Kleider nähten sie.

Für sonntags hatte ich nur ein Kleid. Mehr brauchten wir ja auch nicht. Das wurde nur wenige Stunden getragen. Sobald wir zu Hause waren, zogen wir die guten Sachen sofort aus.

Es wurden ja auch Schürzen für bestimmte Arbeiten getragen, da hatte wir eine für die Küche und eine fürs Rausgehen auf die Straße. Wenn ein Fleck auf der Arbeitsschürze war, dann wurde sie trotzdem weitergetragen, so und so viele Tage. Das war eingeteilt bis zur nächsten Wäsche. Wenn sie gleich gewechselt worden wäre, dann hätte unsere Kleidung gar nicht gereicht. Zum Beispiel mein Mantel, den ich zur Schule getragen habe, der wurde nach links gewendet. Wie Mutter Flecken aus dieser Kleidung entfernte, daran kann ich mich nicht erinnern, nur dass der Mantel gedreht wurde. Schuhe hatte ich nur ein Paar für sonntags, für die Fahrten in die Stadt, zum Beispiel zum Einkaufen. Ansonsten trugen wir im Sommer Holzpantoffel und im Winter Holzschuhe. Trotzdem denke ich gern an meine Kindheit zurück.

(Diese Erinnerungen wurden aufgeschrieben von Helma Hörath.)

Liselotte Nehring
Jahrgang 1927

Ich wuchs ich im Polnischen auf. In einem Dorf bewohnten wir ein eigenes Haus mit sechs Personen. Meine Mutter hat sich um den Haushalt gekümmert, Wasser aus dem Ziehbrunnen mit einem Eimer hochgeholt. Mit der Wäsche war das so: Am Abend vorher wurde die Wäsche eingeweicht im kleinen Kessel. Nächsten Tag wurde das warm gemacht. Wir hatten keine Waschküche, alle Wäsche wurde in der Küche gewaschen, auch die großen Wäschestücke. Dazu nutzten wir mehrere große Töpfe.

Als Kind hab ich nicht helfen sollen, hatte Schule bis Mittag. Und Kinder haben ja meist keine Lust auf die Hausarbeit. Holz und Kohle war vorhanden. Ich ging gern mit meiner Oma in den Wald zum Holzsammeln. Manchmal fanden wir dabei auch Pilze.

Mit 14 Jahren bin ich ins Pflichtjahr gegangen. Hab im Dorf in einem Lehrer-Haushalt für eine dreiköpfige Familie gearbeitet. Ich hatte dort ein eigenes kleines Zimmer. Kochen und waschen musste ich. Eine einfach ausgestattete Waschküche befand sich dort im Keller.

Dann 1945 wurden unsere Familie innerhalb weniger Stunden aus Böck (heute Polen) nach Deutschland evakuiert. Hinter dem Wald am Dorfrand begann Deutschland, das waren ungefähr 4 km. Nachts schlichen wir noch zurück, um einige unserer Sachen zu retten. Wir wohnten nun im Dorf Plöwen, im heutigen Mecklenburg-Vorpommern. Das Haus gehörte einem Bauern. Wir – das waren Großmutter,

Mutter und ich mit meinen drei Geschwistern. Wir alle waren die Mieter in der Waschküche. Trotzdem haben die zahlreichen anderen Flüchtlinge, die in weitern Gebäuden des Bauernhofes lebten, dort gewaschen. Uns störte das nicht, denn wir hatten ja einen Herd zum Kochen. Und viel Wäsche besaß ja niemand. Einmal zum Wechseln ...

Furchtbar war es, im Winter draußen Wäsche zu hängen. Mit den Holzklammern zum Stecken dauerte das Aufhängen lange – da musste man acht geben, dass einem nicht die Finger an der Leine festfrieren.

1949 heiratete ich und dann war mit jedem neu geboren Kind ein Umzug in eine größere Wohnung verbunden. Zuerst bewohnten wir mit zwei Kindern ein Zimmer und eine Kammer, eine Kochgelegenheit nutzten wir in der Futterküche. Dort wurde auch Wäsche gewaschen.

Nachdem das vierte Kind geboren worden war, wohnten wir 1957 bis 1962 in einem Lehmhaus – das war eine Kate mit Strohdach. Da hatten wir etwas mehr Raum – zwei Zimmer, Küche und ein kleiner Flur. Vor der Küche ein Vorflur mit einem Fußboden aus Ziegelsteinen. Dort wurde gewaschen. Uns hat der Platz ausgereicht, denn die Gegend war mit Flüchtlingen aus Hinterpommern übervölkert und jeder war froh, eine Bleibe zu haben.

Ich hab am Anfang ebenso gewaschen wie meine Mutter, auch alles in der Küche oder im kleinen Hausflur. Im Sommer bin ich morgens um 5 Uhr aufgestanden – wenn dann die Sonne hochkam, war ich bald fertig mit der Arbeit.

Waschpulver hab ich gekauft, Persil zum Waschen und vorher nahm ich *Soda* zum Einweichen. Natürlich wurde die Wäsche sortiert. Ihre Socken haben die Kinder schon mal selbst gewaschen. Aber sonst ...

Montags war immer Waschtag. Das Wasser zum Waschen wurde am Vorabend von der Wasserpumpe des Nachbarn eimerweise gepumpt und herüber getragen und die Wäsche eingeweicht. Am Morgen wurde der Herd In der Küche mit Holz und Kohle angeheizt, darauf wurde ein großer Kochtopf mit Wäsche aufgesetzt. In den Vorflur des Hauses wurde ein hölzerner Dreibock hineingeholt, um die Zinkwanne darauf zu stellen. Eine zweite Zinkwanne stand auf dem Boden und diente zum Spülen der Wäsche. Kernseife und eine „scharfe" Waschbürste waren die einzigen Utensilien Gewrungen hab ich mit der Hand, eine Wringe hatten wir nicht. Oft stand ich in gebückter Haltung.

Woher hat man bloß die Kraft dazu gehabt. Ich denke heute noch oft daran, dass ich nach einem Waschtag so schwere Arme hatte, dass ich sie kaum bewegen konnte. Ich hab mir immer so viel Wäsche vorgenommen, wie ich an einem Tag waschen, spülen, aufhängen konnte und am nächsten Tag wurde weiter gewaschen.

Das gebrauchte Wasser wurde auf der Kopfsteinpflasterstraße vor dem Haus in den Rinnstein gekippt. Bei schönem „Trockenwetter" wurde die Wäsche draußen im Garten auf die Leine gehängt.

Im Winter oder bei Regenwetter hab ich die Wäsche auf dem Dachboden aufgehängt. Am Hausgiebel oben unter dem Dach war eine Luke, durch die man auf den Hausboden gelangen konnte. Dazu wurde eine Leiter angestellt, die bis zu dieser Luke reichte. Obwohl ich die Luke erst aufhaken musste, hatte ich gleich beim ersten „Aufstieg" eine Schüssel mit nasser Wäsche unter dem Arm. Dort hinauf zu steigen, war schwierig und eigentlich auch gefährlich. Unter dem einen Arm die Schüssel mit der nassen Wäsche, mit dem anderen Arm zog ich mich auf der Leiter Sprosse um Sprosse nach oben. Dieser Vorgang wurde auf- und abwärts mehrmals wiederholt. Mit der getrockneten Wäsche nachher war der „Abstieg" leichter.

Mühevolle Arbeit – genau.
Ja, was soll ich erzählen?

Und alles wurde gebügelt.

Flecken haben keine Probleme gemacht. Fleckentferner gab es schon.

Ja, auch am Waschtag hab ich Mittagessen gekocht, die Familie wollte ja satt werden. Übergarderobe konnte man in die Reinigung bringen, aber früher waren wir genügsam. An frischer Luft und mit Malzkaffee ausgebürstet war die Kleidung wieder tragbar.

Mein Mann hat manchmal die Leine im Garten gezogen, aber alles andere mit der Wäsche hab ich gemacht. Er hat dann eher mal drinnen Staub gewischt.

1962 zogen wir in ein Bürgerhaus für fünf Familien nach Löcknitz. Wir bewohnten mit sechs Personen zweieinhalb Zimmer, Küche und Toilette mit Waschbecken. Endlich befand sich ein Wasseranschluss in der Wohnung. Zur

Körperpflege wurde die Küche genutzt – Schüssel auf Stuhl. Im Keller nutzten alle Mietparteien eine Waschküche mit Heizkessel. Die älteste Tochter ging 1962 in die Lehre und wohnte im Internat. Seit 1965 – da war die Familie noch fünfköpfig – nutzte ich dann eine Bottichwaschmaschine. Später dazu auch eine Tischschleuder. Nach und nach verließen auch die anderen Kinder bis 1986 die elterliche Wohnung.

Heute lebe ich allein und besitze einen Waschvollautomat.

(Diese Erinnerungen wurden aufgeschrieben von Gertrud Hintze.)

Ursula Thamhayn
Jahrgang 1927

Ich lebte 70 Jahre in Halle-Ammendorf, nun in Teltow.
Meine Mutter arbeitete als Aufwartung im Haushalt, mein
Vater war in Leuna Schichtarbeiter. Zuerst wohnten wir im
Gemeindehaus. An die Waschvorgänge kann ich mich nicht
erinnern, aber unsere Wäsche konnten wir wie die anderen
Bewohner des Hauses auf dem Hof und in den Trocken-
räumen im Keller auf Wäscheleinen trocknen

Bei der Wäsche brauchte ich nicht zu helfen. Meine Mutter
hat die Wäsche auf dem Tisch gebügelt. Dazu hat sie die
schweren Rolltücher als Unterlage benutzt. Und ich bügele
heute auch noch auf diese Weise, komme damit besser zu-
recht als mit einem Bügelbrett.

Ab 1937 wohnten wir in einem Siedlungshaus. Einen bestimmten Waschtag gab es für meine Mutter nicht. Sie hat
das neben ihrer Arbeit erledigt, war später auch beim
Bauern auf dem Feld angestellt. Mein Vater arbeitete ja in
Schichten und hat viel Hausarbeit übernommen. Ziege,
Schwein, Kaninchen und Hühner hat er versorgt. Wir hatten
eine Wiese, auf der ich mithalf, Heu zu wenden.

Die Haustiere sollten uns als Nahrung dienen, deshalb haben wir ja auch geschlachtet. Der Waschkessel wurde dann
zum Kochen der Wurst benutzt. Zuckerrübensaft haben wir
darin auch zu Sirup gekocht.

Wir hatten im Garten ein Fass tief in der Erde eingelassen,
in dem das Regenwasser aufgefangen wurde. Dieses hat

mein Vater dann immer ins Waschhaus geholt, zum Waschen. Kleinere Mengen Wasser wurden in der Grude erwärmt. Auch zum Baden wurde das Regenwasser ins Waschhaus geholt und im Waschkessel erwärmt.

Der Bruder meines Vaters hatte ein Getreidegeschäft und konnte uns geldlich unterstützen. So hatten wir immer genug zu essen und Kleidung, auch Sonntagskleidung. Auch Seife, Kernseife und Waschpulver waren immer vorhanden.

Ich habe zuerst in einem Bäckerei-Haushalt als Hausangestellte gearbeitet, dort wurde die Wäsche wohl weggegeben.

Als ich 1950 in einer sehr kleinen Wohnung ohne Waschhaus in Halle einen eigenen Haushalt mit meinem Mann und der 1952 erstgeborenen Tochter hatte, konnte ich meiner Mutter die Wäsche zum Waschen bringen. Mit der Straßenbahn fuhr ich 5 km bis Reideburg. Die Windeln jedoch hab ich im Topf abgekocht – das war unser Windeltopf – und dann von Hand gewaschen.

1955 mussten wir von den Schwiegereltern das Siedlungshaus in Halle-Ammendorf übernehmen. Und weil meine Schwiegermutter keine Rente bekam, wurde angeordnet, dass wir sie mit versorgen. Sie hat die Gartenarbeit verrichtet, unsere beiden Kinder versorgt und für uns gekocht. Die Wäsche haben wir gemeinsam gewaschen.

Hinten am Haus war das Waschhaus angebaut, dann die Trockentoilette und die Stallungen, daran der Hühnerstall. Alles war umgeben von einem Garten. Im Waschhaus befanden sich ein Waschkessel, der mit Kohle befeuert wurde und die Waschgeräte. Auch hier wurde – wie bei meinen

Eltern – nicht nur gewaschen, auch geschlachtet und Zuckerrübensaft gekocht.

Die Wäsche wurde in einem großen Trog eingeweicht. Das Wichtigste war aber der Waschkessel, unter ihm wurde Feuer angezündet und so die Waschlauge mit der Wäsche erhitzt. Weißwäsche wurde zum Kochen gebracht, die Buntwäsche nur heiß gewaschen. Mein Mann arbeitete als Schlosser und so waren ständig die Schlosseranzüge zu waschen.

Mit einem „Stamper", so einer doppelten Glocke, konnten wir die Wäsche bearbeiten, so dass der größte Schmutz dadurch gelöst wurde. Danach wurden die noch heißen Wäschestücke mit einer Holzzange aus der Waschlauge in die Waschwanne gelegt und jede von uns benutzte ein Rumpelbrett zum Waschen. Die gewaschenen Stücke kamen in die Zinkwanne zum Spülen. Das Wäschespülen erledigten wir in großen Wannen meist auf dem Hof. Auf einem Wannenrand war zu unserer Arbeitserleichterung eine Wringe montiert, so blieb uns das Wringen mit den Händen erspart. Die Wäsche auf der Leine im Hof zu trocknen, gab ihr eine angenehme Frische. Übrigens – bei schönem Wetter habe ich auch unsere beiden Mädels auf dem Hof in der Zinkwanne gewaschen.

Mit der trockenen Wäsche im Handwagen sind wir in der Nachbarschaft zur Rolle gegangen. Das war preisgünstig. Natürlich mussten wir uns vorher anmelden. Die Wäsche wurde zwischen die Rolltücher gelegt und dann an der Kurbel gedreht und so die Wäschestücke einzeln durch die Rolle geschoben – Bettwäsche, Tischwäsche und auch

Unterwäsche wurde schön glatt. Gebügelt wurde nur Feines.

Nach der Geburt unserer zweiten Tochter kauften wir die „Thurmperle" (Holzwaschmaschine mit Wringmaschine, 1956). Heißes Wasser einfüllen, Waschpulver einstreuen, Wäsche einlegen und nach dem Start der elektrischen Maschine bewegte ein Quirl die Wäsche. Unten war ein Hahn dran, damit wurde nach dem Waschen das Wasser abgelassen. Aber die hölzerne Maschine hatte den Nachteil, dass sie innerhalb von acht oder vierzehn Tagen nach der letzten Nutzung ausgetrocknet war. Wir legten nasse Tücher hinein, und damit für einen neuen Waschgang nicht das Wasser durch die Fugen sickerte, musste die Waschmaschine schon Tage vor dem Waschen mit Wasser befüllt werden. So konnte das Holz aufquellen und die Fugen waren wieder dicht.

Dann hatten wir die WM 66, eine Wellenradwaschmaschine, die stand im Bad, hat aber nur gewaschen. Und heißes Wasser musste man auch hier einfüllen, denn sie hatte keinen Wasseranschluss. Die Wäsche wurde dann in einer Zinkwanne oder Holzwanne gespült. Für das heiße Wasser dazu musste der Badeofen mit Kohle angeheizt werden.

Erst viel später, ungefähr 1980, bekam ich dann eine halbautomatische Waschmaschine. Die hat nur gewaschen und gespült. Dann kam auch die Wringmaschine wieder zum Einsatz. Eine Bekannte besaß dann noch eine Bügelmaschine in der Wohnung, da bin ich auch öfter mit meiner Wäsche hingegangen. Später hatte ich auch eine einfache Bügelmaschine, in die die Wäsche eingelegt wurde – Deckel drauf und andrücken.

Die Schlosseranzüge habe ich später in die Wäscherei gegeben. Allerdings verblich die Farbe, sie wurden von Mal zu Mal immer heller, waren aber sauber.

Große Wäsche wurde etwa alle drei Wochen gewaschen. Zwischendurch hab ich mal kleine Wäsche mit der Hand in der Waschschüssel gewaschen.

1985 dann in Halle hatte ich noch die halbautomatische Waschmaschine, die die Lauge über einen Schlauch abpumpte. Dieser Schlauch war am Ende gebogen, so dass man ihn ins Waschbecken oder Toilettenbecken hängen konnte. Man hörte immer mal wieder, dass der Schlauch durch den Wasserdruck vom Waschbecken rutschte und das Wasser sich seinen Weg durchs Bad und in darunter liegende Wohnungen bahnte. In unsere Wohnung kam auch einmal Wasser von oben. Mir ist das zum Glück nicht passiert. Gespült habe ich die Wäsche in der Badewanne. Das war strapaziös, weil ich lange in gebückter Haltung arbeiten musste. Auf dem Balkon oder auf dem Trockenplatz wurde die Wäsche getrocknet.

1996 wohnte ich in einem modernen Mehrfamilienhaus. Da gab es im Keller eine Waschmaschine und einen Wäschetrockner, für deren jeweilige Benutzung man beim Hausmeister eine entsprechende Anzahl Chips kaufen musste.

Jetzt in Teltow nutze ich jedoch meinen eigenen Waschvollautomaten, der im Keller aufgestellt ist, weil im Bad dafür kein Platz ist. Und die Wäsche trockne ich auf dem Balkon.

(Diese Erinnerungen wurden aufgeschrieben von Gertrud Hintze.)

Helga Jeromin
Jahrgang 1929

Mutter Hausfrau, Vater Lehrer – Kindheit in Jägerswalde/Masuren,
Jugendzeit in Königsberg, später dann in Güstrow
1954 nach Güterfelde gekommen

Meine Erinnerungen gehen bis zu meinem vierten Lebensjahr zurück. Da mein Vater Schulleiter im Ort war, hatten meine Eltern enge Verbindungen zur Familie des Gutsbesitzers. Wir waren viel mit den Kindern des Gutes zusammen und haben immer mit ihnen gespielt.

Unsere große Wäsche wurde auf dem Gut mit gemacht. Die Leibwäsche wurde von der Wirtschafterin meiner Eltern gemacht. Wir Kinder mussten nie direkt bei der Wäsche mitarbeiten, ja mal helfen, weil wir Spaß und Freude daran hatten. Darum habe ich nur Erinnerungen an die schönen Seiten eines Waschtages.

Auf dem Gut gab es mehrere Waschfrauen. Gewaschen wurde nicht an ganz bestimmten, festgelegten Tagen, sondern diese Arbeit richtete sich immer nach dem Wetter.

Die Wäsche des Gesindes wurde in großen Bottichen oder Kübeln eingeweicht. Neben dem warmen Wasser kam Schmierseife dazu. Die eine Waschfrau war besonders kinderlieb. Sie gestattete uns, ohne Schuhe und Strümpfe in diese Wannen mit den eingeweichten Wäschestücken zu steigen, zu panschen und darin zu laufen, zu hüpfen... Das war ein großer Spaß für uns Kinder. Und nach einer Weile waren wir von Kopf bis Fuß genauso nass wie die Wäsche. Also ein Waschtag war für uns ein ganz besonderes Vergnügen. Was für uns ein richtiges Abenteuer war, half auch beim Waschvorgang. Die Waschfrauen mussten nach unserem Tanz im Seifenwasser die Wäsche nicht mehr rubbeln, stampfen, stuken und bearbeiten mit Waschhölzern. Das hatten unsere Beine schon erledigt. Aber in die Wannen mit dem Spülwasser durften wir nicht steigen.

Dann habe ich noch das Bild in meinem Kopf, wenn die nasse Wäsche später durch die hölzernen Wringen gedreht wurden. Damit entfiel für die Waschfrauen das anstrengende Auswringen mit der Hand.

Das nächste Bild meiner Erinnerung zeigt, wie die Wäsche geschlagen wurde. Die Waschfrauen gingen zum See runter und schlugen die Wäsche auf die großen Steine, um Schmutz und Seifenreste rauszuschlagen. Gespült wurde auch meist im See. Wir waren immer mit dabei, durften auch kleinere Stücke auf die Steine hauen oder im Wasser spülen und manchmal fiel einer von uns dabei ins Wasser. Dann gab es ein großes Geschrei. Und wenn wir aus dem Wasser ans Land gezogen wurden, dann haben wir immer gerufen: „Aber nicht durch die Rolle! Nicht durch die Rolle!"

Denn am Wasser standen auch gleich die Holzwringen, durch die die gespülte Wäsche durchgedreht wurde. Sie war dann schon ganz schön trocken. Die Stücke wurden stramm gezogen und auf die Wiesen zum weiteren Trocknen ausgebreitet. Nur die Arbeitshosen wurden hochgehängt. Sonst hätte sie sehr lange gebraucht, um trocken zu werden. Das Material war ja ganz anders als heute.

Manchmal sind wir auch unter die ausgelegten Laken gekrochen und haben dort sogar unser Schläfchen gemacht. Also, für uns Kinder war das Wäschewaschen ein Erlebnis mit viel Spaß.

Ich weiß nicht, ob viele Wäschestücke gebügelt wurden. Das weiß ich nicht. Aber ich kann mich ans Wäscherollen erinnern. Auch in Königsberg standen Rollen im Keller. Vorher wurden die Stücke ganz glatt gezogen und mussten möglichst so glatt auch zwischen die Rolle geschoben werden. Das waren aber keine elektrischen Geräte, sondern die Rollen wurden mit der Hand gedreht. Und es musste immer im Rhythmus gedreht werden, sonst gab es große Falten.

Aber noch von einem ganz anderen Erinnerungsbild will ich erzählen: Wir waren ja vier Jahre auf der Flucht von Masuren nach Königsberg. Unsere Habe war auf einem Leiterwagen mit Plane. Jeder hatte zu tun, sein bisschen Zeug zusammenzuhalten und es vor Dieben zu bewahren. Wurde es nötig, unsere Kleidung zu waschen, dann konnte wir diese nicht ausziehen. Wir Kinder und Jugendliche sind angezogen ins Wasser gestiegen und habe die Sachen am Körper gerubbelt. Dann sind wir in unseren Wagen, haben die Sachen ausgezogen und zum Trocknen an Leinen im Innern des Wagens aufgehangen. Wir haben dann nackt unter den Decken geschlafen. Mussten die dicken Sachen draußen am Wagen getrocknet werden, dann standen wir Wache, damit nichts gestohlen wurde.

Eigentlich wollten wir nach Flensburg, sind aber in Güstrow „hängen" geblieben, weil unsere Großmutter krank geworden war. In Güstrow war ich am Lehrerbildungsinstitut und dort wurde auch unsere große Wäsche erledigt. Ich sehe noch die Wäschesäcke mit unserem Namensschild stehen. Irgendwann konnten wir dann die gereinigte und gebügelte Wäsche vom Institut wieder abholen.

In Güterfelde hatten wir eine Waschküche und große Kessel. Das Waschen war eine sehr umständliche Prozedur, um die sich vor allem meine Schwiegermutter kümmerte, denn ich war nach der Geburt meines Kindes und einer Krankheit sehr schwach. Das Säubern und Kochen der Stoff-Windeln habe ich gemacht. Das war körperlich nicht so schwer. Wir hatten ja damals Baby-Windeln aus Baumwolle, die, gewaschen, für mehrere Kinder verwendet werden konnten. Ich musste ja nur den Inhalt der Windeln ausschütteln, etwas auswaschen und dann kamen sie in den Wäschetopf zum Kochen. Den Geruch von diesen gut „gefüllten" Windeln habe ich noch immer in der Nase.

Heute habe ich eine Waschmaschine. Gerade jetzt im Winter hängt meine Oberbekleidung steif in der Garage. Ich trockne die Wäsche aber auch im Sommer dort in der Garage. Ich habe es mir abgewöhnt, die Wäsche im Freien zu trocknen, sonst sitzt sie so voller Pollen.

(Diese Erinnerungen wurden aufgeschrieben von Helma Hörath.)

Edelgard Herm
Jahrgang 1930

Ich war Halbwaise und bin in einem Dorf bei Neuruppin auf dem Bauerngehöft bei meinen Großeltern aufgewachsen. Dann lebte ich in Berlin und jetzt in Teltow.

Die Waschküche befand sich in einem Hofgebäude, anschließend an die Stallungen für Schweine und Kühe. Die Waschküche war geräumig, es befand sich nicht nur der Waschkessel darin. Es war auch genügend Platz für die Waschwanne, die Spülwanne und einen Herd, auf dem Schweinefutter, also Kartoffeln gekocht wurden. Im Waschkessel wurden übrigens auch Rübenschnitzel zu Sirup gekocht.

Großmutter sammelte die Schmutzwäsche, und alle vier Wochen hat sie gewaschen. Das war dann ein richtig harter Arbeitstag.

Am Abend zuvor wurde das Wasser aus der Pumpe im Hof eimerweise in den Kupferkessel gefüllt und die Wäsche eingeweicht.

Befeuert wurde der Waschkessel hauptsächlich mit Holz, und mit wenig Kohle. Die gab es ja auf Zuteilung. Großvater besaß einen kleinen Wald und bekam die Genehmigung, eine bestimmte Menge Holz zu schlagen. Da wurde es mitunter ein Baum mehr. Manchmal fällte er auch einen alten Obstbaum im Garten.

Morgens wurde das Feuer in Gang gebracht und die Wäsche mit Persil gekocht. Sobald die Waschlauge zu kochen begann, wurde die Wäsche mit einem langen Holz bewegt – gestukt und gedreht, damit die Lauge überall herankam. Das war die Vorwäsche, also der Vorwaschgang. Die Wäsche wurde dann – noch recht heiß - mit dem Holz aus dem Kessel heraus in eine dicht daneben stehende Zinkwanne gelegt und auf dem Waschbrett gerubbelt und gebürstet.

Die Lauge wurde im Kessel weiter verwendet für die Buntwäsche. Waschmittel war ja knapp und teuer. Wenn die Buntwäsche lange genug gestukt war, wurde sie ebenfalls in eine Wanne gelegt und mit der Hand weiter gewaschen.

Die mehrfach verwendete Lauge aus dem Waschkessel wurde dann ausgeschöpft und das Wasser nach draußen getragen. Wir schütteten das in die Abwassergrube, wo sich auch die Fäkalien von der Außentoilette sammelten. Dann wurde der Kessel wiederum mit Wasser gefüllt, um die gespülte Weißwäsche darin noch einmal mit Sil klar zu kochen, dadurch wurden die letzten Waschmittelrückstände entfernt – für eine frische Wäsche. Danach wurde die Wäsche draußen neben der Wasserpumpe klargespült. Dem letzten Spülgang wurde ein Beutelchen Wäscheblau zugegeben, das die Wäsche strahlen ließ. Das Wasser aus der Wäsche wurde mit den Händen ausgewrungen. Großvater zog auf dem Hof zwischen den Pfählen die etwa 60 Meter lange Wäscheleine aus Sisal. Dieses Naturmaterial war schwer und wurde von einer Spindel abgewickelt.

Die Wäsche trocknete an der frischen Luft. Im Winter war sie manchmal steif gefroren, doch mit Vorsicht behandelt, gelangte sie unbeschadet ins Haus. Nach Gebrauch musste die Wäscheleine abgenommen werden, da sie sonst zu schnell verrottet wäre.

Gebügelt hat Großmutter nur Einzelstücke, wie die Tischtücher für feierliche Anlässe und Übertücher für den Handtuchhalter in der Küche. Unterwäsche wurde nicht gebügelt und bei den anderen Wäschestücken war Großmutter der Meinung, wenn die Wäsche gut zusammengelegt ist, würde sie beim Liegen im Schrank glatt genug werden.

Kleidung, die waschbar war, wurde gewaschen. Eine Wäscherei oder Reinigung zu nutzen, war nicht üblich. Nach dem Tragen wurde die Kleidung „ausgelüftet" und, wenn Großvaters dunkler Anzug fleckig war, hat Großmutter schwarzen Kaffee auf eine Untertasse gegossen und mit einer Bürste die Flecken beseitigt, bevor sie den Anzug wieder in den Schrank hängte.

Dieser Waschtag war für die Familie ein normaler Arbeitstag. Als größeres Mädchen übernahm ich dann das mittägliche Essenkochen für unsere vierköpfige Familie.

Mit 16 Jahren zog ich zu meiner Tante nach Berlin-Neukölln in ein großes Mietshaus, erste Etage. Die Waschküche wurde beim Hauswart vorbestellt. Am Abend vor dem Waschtag holte man den Schlüssel für die Waschküche. Brennmaterial für den Waschkessel waren Kienäpfel und gesammelte Zweige. Und Papier wurde aufgehoben, zum Anzünden. Die Kohlebriketts wurden von der täglichen Menge angespart. Wir teilten sonst für die Wohnung die

Kohle ein, morgens und abends nur dreieinhalb Kohlen, das musste reichen. Also wurden das Brennmaterial und die Wäsche hinaufgetragen bis auf den Dachboden in den fünften Stock, wo sich Waschküche und Trockenboden befanden. Einen Wasseranschluss gab es dort, und aus dem Waschkessel konnte man das Wasser in den Abfluss lassen.

Die Arbeitsgänge waren die gleichen, wie ich sie von meiner Großmutter kannte. Beim Milchmann an der Ecke gab es die Möglichkeit, gegen geringes Entgelt die großen Wäschestücke in der Rolle zu glätten, so brauchte nur noch wenig Wäsche gebügelt werden. Wir trugen also die trockene Wäsche im Korb dorthin und nach dem Arbeitsgang wieder zurück nach Hause.

Kleine Wäsche, die zwischendurch anfiel, wurde in der Küche gewaschen und zum Trocknen auf eine Leine auf dem Balkon gehängt.

Als ich dann 1952 verheiratet war, wohnten wir im Parterre eines Mietshauses im gleichen Berliner Stadtbezirk. Auch hier befand sich die Waschküche auf dem Dachboden im fünften Stock. Den Turnus, alle vier Wochen einen Waschtag einzulegen, habe ich beibehalten. Zum Abschluss des Waschtages musste der Kupferkessel mit einem speziellen Mittel poliert werden. Die vorbereitenden Arbeiten und die eigentliche Wäsche überließ mein Mann mir allein, er sah das als „Frauensache" an.

Der Seifenladen im Nachbarhaus vermietete in einem Nebenraum eine elektrische Rolle, so trug ich den Waschkorb vor dem Bauch dort hin, um mit schrankfertig gelegter Wäsche wieder nach Hause zu kommen.

Eine technische Erleichterung für den Waschvorgang bot sich für mich etwa 1956 Waschwunder hieß das Gerät wohl. Das war ein Bottich auf drei Füßen mit Stromanschluss, in der Mitte ein Rohr, durch das die kochende Lauge aufstieg und auf die Wäsche abfiel. Durch diesen Kreislauf ersparte man das ständige Bewegen der Wäsche. Die Maschine stand in meiner Küche. Gespült wurde die Wäsche dann wieder von Hand. In der Küche stand dafür die Zinkwanne. Das Wringen war auch immer noch Handarbeit.

Zu der Zeit wohnten wir in der dritten Etage, da war der Weg in die Waschküche und auf den Trockenboden zur fünften dann nicht mehr so weit. Ein Bad hatte unsere Wohnung nicht, so war Waschtag auch gleichzeitig Badetag für unsere vierköpfige Familie. Im Waschkessel wurde warmes Wasser aufbereitet und dann hat die Familie in der Spülwanne gebadet. So eine Spülwanne war höher als die Waschwanne und eignete sich deshalb für ein Bad.

Kleine Wäsche hab ich zwischenzeitlich in der Küche gewaschen. Die Toilette befand sich außerhalb unserer Wohnung und war vom Treppenhaus aus zu betreten. Wir waren alleinige Nutzer der Toilette und der Raum war so groß, dass ich dann die kleine Wäsche – Windeln und so – dort zum Trocknen aufhängen konnte.

Wenn Kinder ihre Kleidung mit Obst bekleckert hatten, dessen Flecke nur schwer zu entfernen waren, sagten wir immer: bis zum nächsten Jahr sind die herausgewaschen.

1966 schafften wir uns eine moderne Waschmaschine an. Sie stand in der Küche. Die elektrische Wäscheschleuder war allerdings ein extra Gerät und stand in der Speise-kammer.

Und heute freue ich über alle technischen Erleichterungen rund um das Thema Wäsche.

(Diese Erinnerungen wurden aufgeschrieben von Gertrud Hintze.)

Barbara Malcher
Jahrgang. 1939

Im Teltower Ortsteil Ruhlsdorf, Güterfelder Straße 101, gegenüber der Gaststätte Hammer steht ein kleines flaches Häuschen, damals ohne fließend Wasser, ohne Innentoilette, aber mit Stromanschluss. In dem Haus wurde ich am 31. August 1939 geboren, am nächsten Tag begann der Zweite Weltkrieg und mein Vater musste sich am 4. September beim Militär melden. Meine Mutter hatte sich darüber so aufgeregt, dass sie mich nicht stillen konnte. Es ging mir als Säugling in den ersten Tagen sehr schlecht. Mein Vater ist daraufhin vom Militäreinsatz zurückgestellt worden und durfte weiter bei Daimler in Ludwigsfelde arbeiten. Später wurde er doch eingezogen und kam 1946 aus der Kriegsgefangenschaft zurück.

Auf dem Hof hatten wir eine Wasserpumpe. Neben der Haustür stand eine Bank, darauf zwei weiße, emaillierte Wassereimer. Mit denen wurde das Trinkwasser ins Haus hereingeholt. Zum Ausschöpfen des Wassers stand ein Becher aus Blech daneben. Es war sehr eisenhaltiges Wasser, deshalb wurden am Wochenende immer beide Eimer innen mit Scheuersand ausgescheuert.

Unruhe breitete sich bei uns wegen eines bevorstehenden Waschtages nicht aus. Im Waschkorb wurde die schmutzige Wäsche gesammelt. Gewaschen wurde immer, sobald sich ein Berg Wäsche aufgetürmt hatte. Meine Mutter war bis zu meinem 14. Lebensjahr nicht berufstätig und außerdem lebte meine Großmutter mit uns im Haus. Beide

Frauen teilten sich die Arbeit der großen Wäsche. Ich brauchte dabei nicht zu helfen.

Mit meinen Geschwistern spielten wir wie auch an anderen Tagen auf dem Hof. Nur der Wäsche auf den Leinen durften wir nicht nahe kommen. Als älteres Schulkind half ich bei der Feldarbeit. Mit einer Sense wurde das Korn gemäht, dann wurde es eingesammelt und gebunden. Für mich blieb es, Kornbunde zum Trocknen als Hocken aufzustellen. Sonntags gab ein Bauer seine Dreschmaschine frei – dafür half unsere Familie im Herbst beim Kartoffelnsammeln.

Die Waschküche war außen am Haus angebaut, ein gemauerter Ofen mit einem großen emailliierten Waschkessel darin. Der Waschkessel wurde auch für andere Zwecke benutzt – zum Pflaumenmus- und Rübensirupkochen. Für die Ernährung unserer sechsköpfigen Familie verdiente allein mein Vater mit Fabrikarbeit Geld. Deshalb hielten wir auch Vieh: Ziegen, Enten, Hühner, einmal sogar einen kleinen Bullen und jeweils zwei Schweine – eines davon zum Verkaufen. Wenn das Schwein schlachtreif war, bestellte mein Vater einen Schlächter, der die Hausschlachtung vornahm. Fleisch wurde eingeweckt, die Wurstmasse wurde dann ebenfalls im Waschkessel gekocht. Dauerwurst und Schinken wurden in der Räucherkammer oben unter dem Dach geräuchert. Das war Ende der vierziger, Anfang der fünfziger Jahre.

Die Waschküche hatte auch die Funktion der Vorratskammer. Als ich 1959 heiratete, gab es noch keinen Kühlschrank im Haushalt. Da wurde die Waschküche als Kühlraum genutzt. In Vorbereitung auf Familienfeiern wurde ein großes Brett über die Wanne in der Waschküche gelegt und die Kuchen bis zum Verzehr dort abgestellt.

Das Wasser von der Pumpe im Hof wurde eimerweise in den Kessel gefüllt und mit Waschpulver zu einer Waschlauge gerührt. Die Weißwäsche wurde am Tag zuvor eingeweicht. Dafür gab es eine große ovale Waschwanne aus Holz, in welche rechtzeitig vor der Benutzung zwei Eimer Wasser gegossen wurden, damit das Holz aufquellen konnte und somit die Wanne dicht wurde. Die vorbehandelte Wäsche wurde dann in den Kessel gelegt. Zum Wäschewaschen benutzten wir Waschbrett, Bürste und Schmierseife.

Egal wofür der Kessel benutzt wurde, jedes Mal musste darunter Feuer gemacht werden. Deshalb zog ich gemeinsam mit der Großmutter mit einem Handwagen in den Wald und wir sammelten trockene Äste, Reisig – das so sehr an den Händen gepiekt hat – und Kienäpfel. Im Hof hackte Großmutter mit einem Beil auf dem Hauklotz die Zweige auf die für das Feuerloch passende Größe.

Mit dem gesammelten Brennholz – und eventuell mit einem Holzscheit für den Erhalt des Feuers – wurde der Ofen unter dem Kessel beheizt bis die Wäsche richtig kochte. Die heiße Wäsche in der dampfenden Waschlauge wurde mit einem Bleuel (einem hölzernen Schlägel) bewegt und mit einem großen Stuker immer wieder untergetaucht. Zum Waschen wurden die Wäschestücke mit einer hölzernen Zange aus dem Kessel in eine Wanne gehoben. Die noch heißen Wäschestücke wurden dann in der Holzwanne mit Bürste und Waschbrett gewaschen. Mutter trug ein

Kopftuch, um die Frisur zu schonen, Holzpantinen und Kittelschürze.

Die Buntwäsche wurde in einer Zinkwanne eingeweicht, und zum Waschen wurde dann die nun abgekühlte Lauge im Waschkessel weiterverwendet. Nachdem die Lauge mehrfach genutzt war, wurde sie dann ausgeschöpft und in den Garten geschüttet.

In Eimern wurde die gewaschene Wäsche zur Pumpe getragen und gleich dort in einer Zinkwanne mit dem kalten Wasser gespült. Im Winter war das Wäschespülen ein fast gesundheitsgefährdender Arbeitsgang. Das Wringen wurde ja ebenfalls per Hand erledigt.

Auf dem Hof standen – in die Erde eingelassen – Holzpfähle, zwischen denen die Wäscheleine gezogen wurde. Mit Holzstangen wurde die Leine abgestützt, damit die großen Wäschestücke nicht die Erde berühren konnten. Im Winter wurde die Wäsche auf der Leine im Schuppen zum Trocknen aufgehängt.

Die noch leicht feuchte Wäsche wurde über Eck in Form gezogen und sorgfältig in einen Wäschekorb gelegt. Kleine Wäschestücke und solche mit kugelförmigen Knöpfen wurden in der Küche gebügelt. Aber mit dem Korb voll Bett-, Tisch-, Geschirr- und Handtücher gingen wir zwei Häuser weiter zur Familie Reich. Sie hatte eine Rollstube, nur eingerichtet mit einer elektrischen Rolle und einem langen Tisch. Wir brachten unsere eigenen Rolltücher mit, drei Stück brauchte man. Für jedes Rollholz eines. Zwei Meter lang war so ein Rolltuch. Jedes wurde auf dem Tisch ausgebreitet und die Wäschestücke möglichst gleichmäßig darauf verteilt. Je exakter das Rolltuch mit den Wäschestücken um das Rollholz gewickelt wurde, um so glatter und faltenfreier war die Wäsche. Für die Nutzung der Rollstube zahlten wir nur Pfennige. Dann wurde die Wäsche in den Wäscheschrank gestapelt und meine Mutter legte leere Fläschchen von Eau de Cologne, mal ein Stück Seife oder im Herbst reife Zierquitten aus unserem Garten als Duftspender mit hinein.

Wenn der Waschtag beendet war, wurde mit der letzten Seifenlauge der Fußboden in der Waschküche gescheuert und dann nachgespült. Am nächsten Tag wurde die erkaltete Asche aus dem Ofen genommen.

Das Familienleben spielte sich überwiegend in der Küche ab. Außer dem gemauerten Küchenherd in der Ecke gab es eine Grude – ein zu befeuernder eiserner Ofen mit einem Hohlraum, in dem Töpfe mit Speisen warmgehalten wurden. Oben lag ein Mauerstein, den man im Winter mit ins Bett nahm, um sich zu erwärmen.

Die Zinkwanne aus der Waschküche diente auch als Babybadewanne für meine Schwester (*1950). Mit Wasser befüllt, wurde die Wanne auf den Küchentisch gestellt. Ein hereingehängter Tauchsieder erwärmte das Wasser schneller, als es auf dem mit Kohle zu befeuernden Kochherd möglich gewesen wäre. Starkstromanschluss für einen elektrischen Kochherd war später die erste Neuerung im Hause.

Jung verheiratet, wohnten wir noch zwei Jahre zu Dritt bei meinen Eltern in dem Zimmer meiner inzwischen verstorbenen Großmutter. Unser Kind wuchs von 1959 noch mit dem Wasser aus der Pumpe auf. Die Gemeinde ließ eine Wasserprobe entnehmen, die wurde positiv bewertet und so blieb es bei dem Wasser aus der Pumpe bis zu unserem Wegzug 1961 und ich habe dort auf die für meine Mutter gewohnte Weise Windeln gespült und in der Waschküche gewaschen.

Mein kleiner Sohn saß manchmal neben mir an der Pumpe und hatte Spaß daran, sich die frisch gespülte Wäsche auf den Kopf zu legen, nachdem ich ihn mehrfach trocken angezogen hatte, musste ich ihn kurz „einsperren" bis ich mit dieser Arbeit fertig war.

Im August 1961 haben wir in Teltow unsere erste gemeinsame Wohnung bekommen, eine Neubauwohnung in der Neuen Wohnstadt. Mein Mann hat als Tischler in Berlin gearbeitet, war wegen der Umwege, die mit dem Mauerbau zusammenhingen, zwölf Stunden unterwegs und hat nicht so viel verdient, dass es für die Familie reichte – also musste ich ebenfalls arbeiten gehen.

In der Küche des Teltower Dauer-Kinderheims „Raymonde Dien", Potsdamer Straße bei Elisabeth (sie war eine Institution in Teltow) fand ich dann Arbeit, obwohl ich keine Ahnung vom Kochen hatte. Das hatten ja bis dahin meine Großmutter und meine Mutter erledigt.

Im Kinderheim wurden die benutzten Stoffwindeln und die Zwischenlagen auf der Station gesammelt. Die Betreuerinnen zogen Gummischürze und Gummihandschuhe an und dann wurden in der Mittagszeit die Windeln in der Toilette oder in einem extra großen Becken gespült. Anschließend wurden die Windeln in Eimern hinunter in die Waschküche im Keller zu der Wäscherin getragen und eingeweicht. Das zugefügte Desinfektionsmittel schädigte die Haut der Hände. Gewaschen wurde dort mit einer Industriewaschmaschine. Die kleinen Kinder bekamen ja jeden Tag eine frisch gewaschene Schürze angezogen. Die Kleidung wurde ein- bis zweimal wöchentlich gewechselt, je nach Verschmutzung. Im Kellergang war eine Wäscheleine zum Trocknen gezogen.

In einem anderen Teltower Kinderheim, in der Wocheneinrichtung „Irma Rische", befand sich die Waschküche auf dem Dachboden.

Für die kleine Wäsche in unserem eigenen Haushalt nahmen wir den großen Einwecktopf zum Abkochen. Blusen und Oberhemden wurden in der Schüssel per Hand gewaschen.

Es gab aber auch im Keller des viergeschossigen neuen Häuserblocks eine Waschküche, in jedem Aufgang. Die acht Mieter mussten sich in eine Liste eintragen, damit die Nutzung der gemeinsamen Waschküche reibungslos vor sich gehen konnte. Dort stand ein Kessel, den man mit Holz und Kohle befeuern konnte. Ich habe meist abends die weiße Wäsche dort abgekocht und über Nacht in der Lauge ziehen lassen. Am nächsten Tag hab ich sie von Hand gewaschen, gespült und gewrungen. Ein Wasseranschluss war vorhanden und ein Ablauf im Fußboden.

Einmal schickte ich meinen Mann in die Waschküche, um noch etwas Kohle nachzulegen. Dabei hat er es zu gut gemeint und die gesamte Waschlauge ist verdampft, die Wäsche angebrannt. Ein weißes Laken war nicht mehr zu gebrauchen. Aber mir sind auch viele Wäschestücke verfärbt oder ich habe sie bei falscher Temperatur gewaschen, dann sind sie eingelaufen.

Zum Trocknen wurde die Wäsche entweder draußen auf dem Wäscheplatz aufgehängt, wo man eine eigene Wäscheleine zog, oder auf den Dachboden des Hauses getragen, der sich sehr gut für das Trocknen eignete, weil er gut gepflegt wurde. Der Dachboden erstreckte sich über das gesamte Haus mit insgesamt vier Hauseingängen. Wohl wegen des ungehinderten Zugangs fehlte manchmal ein Wäschestück, aber das war zu verschmerzen.

An den Arbeitstagen betreute meine Mutter in Ruhlsdorf unser Kind. Morgens nahm mein Mann auf seinem

Arbeitsweg nach Berlin den Jungen im Bus mit bis Ruhlsdorf. Da übergab er ihn meiner Mutter, die an der Bushaltestelle wartete. Später bekamen wir einen Kindergartenplatz für ihn. So entwickelte sich alles weiter.

Heute nutze ich ganz selbstverständlich die moderne Waschtechnik und freue mich über die zahlreichen Möglichkeiten der Wäschepflege.

(Diese Erinnerungen wurden aufgeschrieben von Gertrud Hintze.)

Rosemarie Arendt
Jahrgang 1940

Mutter: Hausfrau, Vater: Elektromonteur / Wohnort: immer Teltow

Wir wohnten in Teltow, im Schenkendorfer Weg. Von dort lief ich zur Neuen Schule Teltow. Das ist die heutige Anne-Frank-Grundschule. Also vom Schenkendorfer Weg in die Ruhlsdorfer Straße und von dort in den Krummen Weg, die heutige Kanada-Allee. Damals war das nur ein Feldweg. Das machte so 45 Minuten aus. War der Unterricht zu Ende, ging ich nach Hause oder zu den Großeltern. Dort oder zu Hause angekommen, wurden erst die Hausaufgaben erledigt. Das war sozusagen das oberste Gebot, ganz gleich, wo ich war. Erst dann ging mein Tag weiter. Meine Großeltern hatten eine Wohnung in der Lindenstraße. Das war also von der Schule auch dahin ein ganz schöner Fußweg. Ein Fahrrad bekam ich erst in der fünften Klasse. Ein Fahrrad, von meinem Vater allein zusammengebaut.

Ich war sehr oft bei den Großeltern. Darum kann ich mich am stärksten an den Waschtag, den meine Großmutter zu absolvieren hatte, erinnern und dabei kann ich zurückdenken bis zu meinem achten Lebensjahr. Natürlich habe ich wie bei vielen Dingen im Haushalt so auch beim Waschen mitgeholfen, aber direkt mitarbeiten musste ich nicht. Na ja, mal Handreichungen machen, beim Drehen der Wringe helfen ... Manchmal kam meine Mutter und machte mit. Dann hatte sie noch Wäsche meines Vaters dabei. Für mich war das Wäschewaschen wirklich mehr ein Spaß. Aber ich war immer mit dabei und bin schon durch das Beobachten in diese Arbeit hineingekommen.

Meine Großeltern wohnten zur Miete. Es gab eine Waschküche auf dem Hof, die von vier Parteien gemeinsam genutzt wurde. Also hatte meine Großmutter mit dem Hauswirt zu sprechen und ein paar Tage vorher Bescheid zu sagen. War die Waschküche nicht belegt, konnte sie rein. Dann hat es ungefähr drei Tage gedauert, bis sie die Waschküche wieder freimachen konnte. Der erste Tag war gefüllt mit Einweichen, Vorkochen und den vorbereitenden Arbeiten, am zweiten Tag kam das Waschen dran und am dritten Tag war meist eine Nachbehandlung der Wäsche nötig. Oder es mussten noch Reste gewaschen werden.

Am Waschtag gab es mittags meist Eintöpfe, die meine Großmutter vorgekocht hatte. Ach, und die schmeckten besonders gut. Noch heute denke ich gern daran.

Leibwäsche, Tischwäsche, Bettwäsche, Handtücher, alles wurde gesammelt und dann hintereinander gewaschen. Es war ja fast alles Baumwolle oder Leinenes. Begonnen wurde mit den weißen Stücken, dann kamen die etwas dunkleren, zuletzt die schwarzen Sachen. An einem Tag war das Waschen der Wäsche gar nicht zu schaffen, denn es kam natürlich nicht nur auf die Menge, sondern auch auf das Wetter an. Getrocknet wurde ja grundsätzlich draußen. Wenn die Sachen nicht gut trockneten, wurden die Leinen nicht frei und man musste zwangsläufig warten. Manche Arbeitsgänge mussten dadurch auf den nächsten Tag verschoben werden. Wenn man Pech hatte, dann brauchte man fast eine Woche, bis die Stücke so weit zum Bügeln waren.

Das alles zusammengerechnet, bedeutet, dass jede Familie nur einmal im Monat zum Waschen die Waschküche benutzen konnte.

Die Waschküche hatte eine Grundausstattung, zu der natürlich der große, von unten beheizbare Kessel gehörte, in dem das Wasser zum Einweichen erwärmt wurde und in dem die Wäsche gekocht wurde. Dann war da eine ovale Holzwanne mit Eisenringen an der Außenwand. Diese Wanne musste am Tag vorher mit nassen Lappen ausgelegt werden, damit das Holz wieder aufquoll und später die Lauge nicht auslief. Dann waren da zwei Zuber. Das waren zylindrische Zinkbottiche, ungefähr einen Meter hoch, da ging allerhand Wasser rein. Diese Zuber wurden zum Spülen genommen.

Die Waschküche war an die Wasserleitung angeschlossen. Damit musste das Wasser nicht geholt werden, sondern es kam aus dem Wasserhahn. Und das war natürlich ein großer Vorteil und eine riesige Arbeitserleichterung. Aber auch wenn das Waschwasser nicht herangeschleppt werden musste, so wurde doch sehr sparsam mit Wasser umgegangen.

Ich kann mich an ein Malheur erinnern, das meiner Großmutter mal passierte. Sie hatte den Kessel mit der Wäsche zum Kochen fertig gemacht. Das bedeutete, das Wasser war erwärmt worden, das Waschmittel aufgelöst, die Lauge war fertig. Dann war die Wäsche eingelegt worden. Sie wurde immer wieder mit einer langen Holzstange (manchmal war auch eine Kelle unten dran) umgerührt und tief in den Kessel gedrückt, damit die Lauge an alle Stellen der Wäsche herankam und sich somit der Schmutz lösen konnte. Wenn der Kessel sehr voll war, dann nahm sie manchmal mit dem Stuker schon zwischendurch Wäsche raus und legte sie in die Holzwanne. Die andere Wäsche im Kessel sollte noch weiterkochen. In der Zeit gingen Oma und ich in die Küche. Als wir zurückkamen, war das Wasser aus der Wanne, die anscheinend noch nicht richtig dicht war, ausgelaufen. Oma meinte dann: „Wer keine Arbeit hat, der macht sich welche." Sie brauchte nun neue Lauge. Mit der weggelaufenen wollte sie ja eigentlich auch die nächste Wäsche einweichen. So waren nicht nur Wasser und Seife, sondern auch Zeit verloren gegangen. Oma war dann ganz schön ärgerlich. Aus den Bottichen mit der eingeweichten dunklen Wäsche konnte sie keine Lauge rausnehmen. Also, neue Lauge musste gemacht werden. Sie stellte einen Emailleeimer mit Wasser auf die Kochmaschine in der Küche, machte sich das Wasser warm, dann kam noch das Waschpulver rein. Und dann konnte das Waschen weiter gehen.

Auf warmes Wasser legte meine Großmutter sehr viel Wert. Sie hat immer in warmem Wasser eingeweicht, in warmem Wasser gewaschen (manchmal holte sie sich noch warmes Wasser aus dem Kessel dazu, wenn ihr das Waschwasser zu kalt erschien) und gespült hat sie auch mit warmem Wasser. Auch beim Klarkochen mit SIL kam die Wäsche bei Oma in warmes Wasser. Ich glaube, dass das mit ein Grund dafür war, dass die Wäsche früher nie so hart war wie heute. Weichspüler hat man damals nicht gekannt. Ich weiß auch gar nicht, ob es die damals schon gab. Brauchte man ja auch nicht. Sicherlich, die Stoffe waren anders als heute. Natürlich hatten sie auch ihre Hausmittel. Aber vor allem durch das warme Wasser wurden alle Rückstände der Seife – und die machen ja die Wäsche hart – aus dem

Gewebe herausgespült. Der sparsame Umgang mit Wasser erstaunt uns heute immer wieder. Und das war nicht nur eine Kostenfrage. Auch beim Wringen – wir hatten eine Mangel mit zwei Gummiwalzen, die ans Waschfass angeschraubt werden konnte – auch dabei wurde das Wasser aufgefangen, um es für andere Arbeitsgänge weiter benutzen zu können.

Zum Auswaschen der Flecken wurde für dünne Gewebe zum Rubbeln das Waschbrett benutzt. Oder bei empfindlichen Stoffen wie z. B. bei Blusen oder Sommerkleidern wurde auch nur die Hand genommen. Die Kragen der Hemden wurden mit Bürsten bearbeitet. Sie waren schon manchmal sehr fleckig vom Schweiß. Es war ja nicht üblich, so oft wie heute die Kleidung zu wechseln oder auch zu baden. Natürlich hat man sich abends gut gewaschen. Aber das ist doch anders, als wenn man den Körper duscht. Auch Kopfstücke der Bettwäsche wurden – wenn nötig – mit Bürsten bearbeitet. Kleidung aus dicken Stoffen und Arbeitsanzüge, die besonders verschmutzt waren, wurden kräftig im Wasser gebürstet.

Alles Schmutzwasser wurde in die Sickerkute im Fußboden der Waschküche oder auf den Hof gekippt. Diese Sickerkute war relativ klein und nicht alles Wasser passte dort hinein. Es versickerte in diesem Schacht, dieser kleinen Grube, auch nicht so schnell. Es gab in der Waschküche an der einen Wand noch ein halbrundes gusseisernes Waschbecken. Dort konnte auch Wasser reingeschüttet werden. Es konnte allerdings nicht viel aufnehmen und außerdem ging der Abfluss von diesem Becken auch in die Sickerkute der Waschküche. Diese Rückstände, die versottete Erde, die sich dort über die Wochen sammelten, wurden in bestimmten Abständen aus dem Loch herausgeholt. Nach dem Ausschachten versickerte das Wasser wieder besser. Aber trotzdem, das meiste Wasser vom Waschen lief auf den Hof hinaus. Der Hof war ziemlich lang. Dahinter lag der Kohlenhof und spätestens dort verschwand das Wasser im Boden bzw. es war dann nicht mehr zu sehen.

Wie gesagt, der Hof war lang und schmal. Links und rechts in den Hauswänden waren Haken. Die Leine wurde im Zickzack gespannt. Eine Leine von 50 Metern reichte oft gar nicht aus. Die Wäsche wurde so gehangen, dass die kurzen Wäschestücke an den Hauseingängen waren, um die Türen frei zu lassen, und die längeren kamen in die Mitte.

Dann gab es noch die Wäschestützen, mit denen Leine und Wäsche nach oben gehoben wurde. Und wenn schönes Wetter war und man Glück hatte, dann war die Wäsche auch noch am selben Tag trocken. Waren die Stücke abends noch feucht, konnte man alles auch über Nacht hängen lassen, aber dann musste man ziemlich sicher sein, dass es nicht regnete. Manchmal hat Oma in einem unbebauten Boden neben ihrer Wohnung noch Leinen gespannt und einiges nachgetrocknet. Andere Stellen zum Trocknen gab es nicht. In der Wohnung war das Trocknen nicht möglich, sie bestand ja nur aus Küche und Stube.

Und beim Trocknen gab es nicht nur das Problem mit dem Wetter. Hinter dem Hof, zu dem die Wohnhäuser gehörten, war – wie schon gesagt – der Kohlenhof. Und wenn Kohle abgeladen wurde, dann zog auch der Kohlenstaub in großen Wolken zu uns rüber. Zwar gab es noch Ställe, die etwas abhielten, aber nicht viel, der Kohlenstaub wirbelte hoch und irgendwann kam alles runter. Und wenn man Pech hatte, dann musste man die Wäsche noch einmal von der Leine nehmen und erneut spülen. Im Sommer hatte man bei beständiger Wetterlage oft Ostwind und das war gefährlich, denn damit wehte alles auf den Hof und auf die Wäsche zu. Oma hat dann schon vorher zu den Kohlenleuten rübergerufen und gefragt, ob sie eine Ladung Kohle erwarten würden. Die Kohlenmänner sagten nein. Dann wurden sie doch zum Bahnhof gerufen, weil ein Waggon Kohle angekommen war, was sie nicht wussten. Es war schon ein kleines Lotteriespiel. Und Oma war froh, wenn die Wäsche sauber und trocken zusammengelegt werden konnte.

Aber noch war die Wäsche nicht im Schrank. Nun ging es ans Bügeln. In der Wohnung gab es Elektrizität. Also benutzte Oma auch ein elektrisches Bügeleisen. Mit den großen Stücken ging meine Großmutter zur Rolle. In der Potsdamer Straße gab es die Drogerie Bastian. Dort stand eine Rolle. Das war ein riesengroßer Kasten. So eine Maschine ist im Heimatmuseum zu sehen. Früher wurde diese Rolle mit der Hand betrieben, also das große Rad musste man selber drehen, später wurde ein Motor angebaut und dann lief alles automatisch. Aber mit der Hand musste man die Wäsche auf große Holzrollen aufwickeln, ganz gerade und faltenfrei, die bewegten sich im Gerät hin und her und glätteten dabei die Wäsche. War der Stoff nicht gleichmäßig aufgewickelt, war auf einer Seite mehr drauf, der Stoff also höher, dann lief diese Holzrolle schief und konnte sich im Gerät verkannten. Man musste auch auf die Knöpfe an der Bettwäsche achten und so wickeln, dass sie am Schluss lagen. Früher waren das Metallknöpfe, zwar mit Stoff bezogen, aber aus Metall. Und die durften auf keinen Fall in die Rolle gedreht werden. Hatte man nicht aufgepasst, zerschnitten die Knöpfe den Stoff.

Ja, es war kompliziert, es war schon eine richtige Wissenschaft. Aber es war eine große Erleichterung. Die Wäsche kam sehr glatt aus der Rolle raus. Nur die Tischtücher, die hat meine Großmutter hinterher noch einmal gebügelt, weil dadurch die Damastmusterung noch mehr hervortrat. Und das sah einfach schöner aus. Für die Bettwäsche hat sie sich diese Mühe nicht mehr gemacht.

Ich weiß, dass für die Benutzung der Rolle etwas bezahlt werden musste. Ich glaube, es war eine Mark pro Stunde. Das klingt heute sehr wenig. Aber man verdiente in der Zeit bei weitem nicht so viel wie heute. Eine Stunde war schnell vorüber, meist haben wir mehr Zeit gebraucht. Und eine angefangene Stunde musste auch bezahlt werden.

Die Technik des Waschens, so wie ich sie bei meiner Großmutter beobachten konnte, hielt sich über Generationen. Ich kann mich an eine entfernte Verwandte erinnern, eine Tante, die in Storkow wohnte und die ich öfter mal besuchte. Da war ich aber schon ein bisschen älter, so 13 oder 14. Die wusch noch so ähnlich wie meine Oma und meine Mutter. Sie musste sogar noch das Wasser in die Waschküche tragen. Aber vom Hauswirt. Und wenn der nicht da war, dann konnte sie nicht waschen.

Hinter dem Hof gab es ein Fließ, einen kleinen Bach, und gespült wurde die Wäsche dort. Aber auch das Schmutzwasser wurde da reingekippt. Also keine Fäkalien, dafür gab es das Plumpsklo, aber alles andere flüssige. Und wenn dann an einer Bachbiegung vorher gerade jemand seinen Wassereimer mit Abfall in den Bach gekippt hatte, dann musste man beim Spülen sehr genau aufpassen, um sich davon nichts auf der Wäsche einzufangen.

Als meine Großmutter die Wäsche nicht mehr machen konnte, hat meine Mutter für sie mitgewaschen. Sie hatte sehr spät eine Waschmaschine. Mit der konnte man nur waschen, zwar auch das Wasser erhitzen, aber eben nur waschen. Die Trommel fasste nicht viel Wäsche und so kochte meine Mutter immer noch im großen Waschkessel und brachte von dort die Stücke sozusagen portionsweise zur Waschmaschine und hat sie dann durch die Maschine waschen lassen, was ja auch schon eine riesige Erleichterung war.

Mein Vater arbeitete bis 1961 in der Goerzallee. Manchmal nahm er Sachen wie Mäntel und Kostüme mit nach Westberlin und brachte sie dort zur Reinigung. Er bekam 20 Prozent seines Lohnes in D-Mark und durfte dafür auch in Westberlin einkaufen. Auch Waschmittel kaufte er manchmal, weil sie wirkungsvoller waren. Spee hatten wir ja in den 1950er Jahren noch nicht. Seife kaufte er auch manchmal, sie roch einfach besser. Aber meist benutzte meine Mutter die Waschmittel, die es in der DDR gab. Sie war daran gewöhnt. In der Regel fuhr mein Vater mit dem Fahrrad zur Arbeit. Aber als 1958 schon einmal die Übergänge nach Westberlin geschlossen waren, musste er mit dem Zug über Bahnhof Teltow fahren. Dort am Bahnhof war so etwas wie Zollkontrolle. Vater hatte eine Arbeitsbescheinigung seiner Firma, dass er einen Teil in Westgeld bekam und dafür auch Waren kaufen konnte. Es war vorgeschrieben, wieviel Sachen er mit nach Hause bringen durfte. Wenn er dann z. B. ein Kleidungsstück mehr hatte, dann wurde ihm das zwar nicht weggenommen, aber sein Name wurde aufgeschrieben. Es kam nie etwas nach, aber wer wusste das in dem Augenblick. Ein wenig Angst war immer mit dabei.

Als ich mit meinem Mann in die neue Wohnstadt umzog, gab es in jedem Haus für jeden Aufgang eine eigene Waschküche. Dort gab es auch Elektroanschluss, sodass wir unsere Waschmaschine in der Waschküche aufstellen konnten. Die Kosten für Stromverbrauch und Wasser wurden geteilt. Später wurde dort der Kessel rausgenommen und auch die Steckdosen entfernt. Damit verschwand unser gemeinsamer „Waschsalon". Gewaschen wurde nun in den Wohnungen. Unten im Keller blieb damit nur noch ein Trockenraum.

Ich hatte später eine WM 66, die sehr praktisch war, für die Wäsche und für vieles mehr. Manche benutzten sie zum

Einkochen von Obst oder auch zum Warmmachen von größeren Mengen Würstchen bei Festen. Ja, sie war wirklich unverwüstlich. Gut war auch, dass man in der WM 66 kleinere Mengen Wäsche waschen konnte. Ich würde mir heute für meinen Ein-Personen-Haushalt solch eine kleine Maschine wünschen.

(Diese Erinnerungen wurden aufgeschrieben von Helma Hörath.)

Die Bleiche – (Öl auf Leinwand, norwegische Malerin Harriet Backer, 1880)

Marie Charlé
Jahrgang 1945

Mutter Stenokontoristin, Vater Textilkaufmann –
frühe Kindheit in einem Oderbruch-Dorf, 1952 nach Kleinmachnow gezogen

Meine Erinnerungen beziehen sich vor allem auf die Jahre
in Kleinmachnow. Die Zeit davor (aber auch die vor meiner
Geburt) sind in meinem Gedächtnis durch Geschichten und
Geschichtchen, die meine Großmutter ganz wundervoll erzählen konnte und mit denen mehrere Kindergenerationen
in unserer Familie aufgewachsen sind. Dazu gehörte auch
die Sache mit Minna, meiner Urgroßmutter, mit Adolf und
den langen Unterhosen.

Es muss so 1935 gewesen sein. Gewaschen wurde in der
Waschküche auf dem Hof, das Wasser wurde von der
nahen Pumpe geholt. Adolf war ein sehr großer Ziegenbock, der die Fähigkeit hatte, sich die Tür vom Ziegenstall
allein zu öffnen. So ging er auf dem Hof spazieren, wann
immer er es wollte. Wenn Wäsche auf dem Hof zum Trocknen hing, dann interessierte er sich besonders für die langen Unterhosen und fraß mit großem Appetit die Beine ab.
Wenn meine Urgroßmutter auf den Hof kam und die zacki-
gen Hosenbeine sah, dann griff sie sich eine Wäschestütze,
das ist eine Holzstange, mit der die Leine gestützt und hoch
gehoben wird, und wollte damit den Ziegenbock in seinen
Stall zurückjagen. Da der aber natürlich nicht so wollte wie
meine Uroma, wurde sie noch wütender und schrie, hinter
ihm herrennend: „Adolf, du Mistvieh! Ich zieh dir gleich eine
über." Eines Tages stand der Ortsbauernführer auf dem

Hof. Dann verschwand dieser Adolf über Nacht vom Hof meiner Großeltern. Was auf dem nächsten Mittagstisch stand, das weiß ich natürlich nicht.

In Kleinmachnow bewohnten wir von 1952 bis 1957 ein Einfamilienhaus zur Miete in der Nähe vom Bannwald. Das Haus war ganz unterkellert. In einem der Kellerräume war nicht nur ein Wasseranschluss, sondern dort war im Fußboden ein offener Sickerschacht, abgedeckt mit einem Eisengitter. In diesem Raum mit einem Durchgang zur Garage und damit ins Freie stand die Waschmaschine, wenn man auch heute kaum noch glauben mag, dass das wirklich eine Waschmaschine und noch dazu eine elektrisch betriebene war. Sie sah aus wie ein riesiger hölzerner Waschzuber auf einem Gestell mit drei metallenen Beinen. Zwischen den Beinen saß der Motor. Im Zuber war ein Karussell von metallenen Armen, die sich beim Anstellen des Motors drehten und dabei die Wäsche im Wasser hin- und herschwenkten. Auf dem Zuber war am oberen Rand eine hölzerne Wringe aufgeschraubt. Meine Mutter ließ das Schmutzwasser direkt in den Sickerschacht im Fußboden laufen. Da wir einen großen Garten hatten, wurden die Wäsche dort aufgehangen, auch im Winter.

Wenn ich an das Waschen der Kleidung zurückdenke, dann fallen mir vor allem die großen Berge an Bügelwäsche ein. Bügelfreie Fasern gab es zu dem Zeitpunkt noch nicht. Und da meine Mutter berufstätig war, bügelte sie oftmals nur schnell das, was gerade gebraucht wurde. Aber ungebügelt zog keiner was an. Als meine Schwester und ich älter waren, halfen wir vor allem beim Aufhängen der Wäsche und beim Bügeln. Da das Bügeleisen besser über die Wäsche glitt, wenn es sehr heiß war, mussten wir immer aufpassen, dass sich die Form der Metallsohle des Bügeleisens nicht als braune Linien oder Streifen auf dem Stoff abzeichneten. Natürlich passierte es auch mal, dass wir Wäsche richtig versengten. Manchmal war dort an der Stelle ein Loch in der Form der Gleitsohle des Bügeleisens. Damit war das Hemd oder das Handtuch nur noch als Putzlappen zu gebrauchen. Später zog unsere Großmutter (Jahrgang 1902) zu uns nach Kleinmachnow. Von dem Zeitpunkt ab waren meine Schwester und ich weitestgehend vom Bügeldienst befreit. Oma brachte auch ihre elektrische Rolle mit, so um 1930 produziert. Damit entfiel auch das aufwendige und anstrengende Bügeln von Bett- und Tischwäsche per Hand. Denn um diese großen und von der Leine in der Regel auch trocken abgenommenen Teile faltenfrei zu bekommen, wurden sie vor dem Bügeln nicht nur mit Wasser eingesprengt, sondern es wurden auf ihnen feuchte Handtücher sozusagen trocken gebügelt. Dann zischte das Bügeleisen und unsere Mutter stand in einer Wolke von Wasserdampf. Das war das Dampfbügeleisen früherer Zeiten.

1957 kauften meine Eltern ein Einfamilienhaus in einem anderen Teil Kleinmachnows. Im Keller dieses Hauses gab es zwar auch so einen Raum mit Abfluss im Fußboden, aber keine Waschmaschine. Für eine kurze Zeit wurde die Wäsche nur in der Küche per Hand von unserer Mutter gemacht.

Ziemlich schnell legten sich meine Eltern eine moderne elektrische Waschmaschine zu. Diese war aber viel, viel kleiner als der alte elektrische Waschzuber in dem Mietshaus. Es war eine Maschine vom Waschgerätewerk Schwarzenberg. Bei ihr musste jeder einzelne Arbeitsgang per Hand eingestellt werden. Die Temperatur konnte an einem Thermometer abgelesen werden. Erkaltete das Wasser, musste heißes nachgefüllt werden. Man konnte sich also nicht sehr weit und nicht lange von der Waschmaschine entfernen. Ich kann mich erinnern, dass es für diese Maschine sogar eine in den Behälter einsetzbare Schleuder gab. Dazu wurde das Wellenrad rausgenommen. Dann wurden dafür so etwas wie Flügel aufgesteckt, aus denen Luft kam. Meine Mutter hatte allerdings mit diesem „Umbau" so ihre Schwierigkeiten, dieses Flügelrad funktionierte auch nur für kurze Zeit problemlos. Da die Wäsche in dieser Schleuder auch nur vorgetrocknet werden konnte, kam das meiste also weiterhin nach draußen auf die Leine.

In einem Schuppen am Haus richtete mein Vater die Waschküche ein. Es wurde so etwas wie ein Herd gemauert, der nur die Aufgabe hatte, einen großen Metallkessel (vielleicht einen Meter oder 1,50 im Durchmesser) aufzunehmen. Beheizt wurde er von unten mit Holz und Briketts. Dort wurde die Wäsche eingeweicht und gekocht. Dann kam sie zur Weiterbehandlung in die Waschmaschine, die auch in der Waschküche ihren Platz hatte.

Das Kochen im Kessel entfiel erst, zumindest bei der kleinen Wäsche, als wir später eine WM 66 hatten (WM stand für Wellenradwaschmaschine und 66 für das Herstellungsjahr). Darin konnte das Wasser auch heiß gemacht und damit diese Waschmaschine auch zum Abkochen der Wäsche verwendet werden. Sie wurde von oben gefüllt. Der Deckel ließ sich an jeder Stelle des Waschgangs öffnen, was viele Vorteile hatte. Fand Oma ein vergessenes Hemd oder ein Taschentuch, so konnte sie die Stücke noch in das Wasser dazuwerfen. Hatte sie die Maschine mal zu voll gepackt, fasste sie mit der Hand in das Wasser und drehte die

Wäsche, bis so in Schwung war, dass das Wellenrad am Boden des Metallbottichs das Drehen allein schaffte.

Die WM 66 war nicht an die Wasserleitung angeschlossen. Sie konnte sich also das Wasser nicht selbständig reinziehen, sondern man musste es in den Metallbottich per Hand einfüllen. Die WM 66 konnte nicht spülen, nicht schleudern und nicht abpumpen. Viel Wasser kam beim Rausnehmen der Wäsche automatisch mit in die vor der Maschine bereit gestellten Eimer, mit denen die Wäsche zu den Spülwannen getragen wurde. Zum Spülen wurden Wannen und Zuber vor der Waschküche im Freien aufgestellt. Die Reste des Waschwassers liefen mittels einem Schlauch, der an der Seite der Maschine angebracht war, aus dem Bottich. Der Schlauch musste also beim Waschen an einer Halterung nach oben gezogen sein, ansonsten lief das Wasser in die Waschküche. Oma verwendete eine Bottichfüllung von Seifenwasser meist für mehrere Waschgänge.

Zum Schleudern hatten wir ein Extragerät. Am Anfang war diese Schleuder relativ klein und konnte nicht viele Wäschestücke auf einmal aufnehmen. Sie war also meist mehrmals hintereinander in Betrieb. Im Sommer weniger, denn meine Oma schwor auf die Sonne und den Geruch der frischen Luft in der Wäsche. Ich kann mich nicht erinnern, dass sie jemals industriellen Weichspüler benutzt hätte. Die Schleuder stand auf dem Tisch. Beim Schleudern sprang und hüpfte sie hin und her. Man musste sie richtig mit Kraft festhalten, damit sie nicht vom Tisch rutschte. Wenn die Wäsche nicht gleichmäßig eingelegt worden war, dann rumpelte die Maschine wie ein Leiterwagen, der über Kopfsteinpflaster fuhr. Oma lag manchmal fast mit dem ganzen Oberkörper auf der Schleuder. Ich kann mich an eine Szene in einem DEFA-Kinderfilm erinnern, da hatte sich die Mutter zum Bändigen des Gerätes auf die Wäscheschleuder draufgesetzt.

Gebügelt wurde eigentlich alles, außer Frottéhandtücher, die nach dem Trocknen nur zusammengelegt wurden, und Bett- und Tischwäsche, die ja gerollt wurde. Und das Bügeln geschah im Stehen. Also auch das war eine anstrengende Arbeit. Trotzdem sang Oma oft dabei, manchmal zur Radiomusik, manchmal stimmte sie Lieder aus ihrer Jugendzeit an. Als Oma älter war (bis zu ihrem 85. Lebensjahr kümmerte sie sich in aller Regel um die Wäsche der Familie), kam sie auf die Idee, Hemden und Schlüpfer ganz glatt zu streichen, aufeinanderzuschichten und dann unter das Sitzkissen ihres Lehnstuhls zu legen. Beim Lesen von Zeitungen und Büchern presste sie diese Stücke glatt. So konnte sie ihr Lese-Vergnügen mit der Erledigung von Aufgaben, die Oma als ihre Pflicht ansah, verbinden. Oma las für ihr Leben gern und musste als Mädchen auch mal Schläge ihrer Mutter hinnehmen, die das Lesen als reine Zeitvergeudung betrachtete.

Eine ganz besondere Zeremonie veranstaltete Oma beim Aufhängen der Wäsche. Wir hatten meist vier Leinen gespannt. Die blieben immer an den Haken, auch wenn kein Waschtag war. Oma wischte sie dann vor dem Benutzen mit einem Lappen sauber. Wenn mal viel Wäsche war, dann wurde eine fünfte quer über die Wiese gezogen. Diese musste aber, weil sie länger als die anderen war und dadurch weiter durchhing, mit mehreren Wäschestützen hochgezogen werden. An eine Leine – und zwar an die, die mehr Sonne abbekam und die nicht in der Nähe der Büsche war, deren Blätter eventuell Flecken verursachen konnten –

hing Oma die weiße Wäsche, am Rand die kleinen Teile, in der Mitte die großen, die dann durch das Anheben der Leine mittels der Wäschestützen weiter in den Wind hineingelangten. Und dabei wurden alle Hemden, alle Schlüpfer usw. von klein zu groß angeordnet. Oma hing die Wäsche um, also auf eine andere Leine, wenn die Sonne über die Wiese wanderte und dann eine andere Leine mehr im Sonnenlicht war.

Diese strikte Ordnung war für Oma sehr wichtig. Das war sozusagen eine Symphonie, die sie mit der Wäsche spielte. Die Ordnung nach Größe und Farben der Wäschestücke setzte sie auch bei den anderen Leinen fort. Als Oma dann zum Gehen und Stehen einen Krückstock benutzen musste, konnte sie das Wäscheaufhängen und -abnehmen nicht mehr machen. Das Wäschewaschen ließ sich Oma aber erst abnehmen, als auch sie vor sich selbst zugeben konnte, dass das schließlich zu anstrengend für sie geworden war. Aber sie behielt die Regie in diesem Spiel.

Ich habe noch heute das Bild vor meinem inneren Augen, wie Oma in der Mitte der Wiese steht, auf ihren Gehstock gestützt, und mir – dann schon eine junge Frau – Anweisungen gibt, wie ich was und wo aufzuhängen hatte. Und nicht selten ergab sich dabei ein Disput zwischen uns, wenn ich, um den Platz auf einer Leine besser ausnutzen zu können, zwischen Pullover zum Beispiel einzelne Socken hing. Dieses Bild schien ihr fast körperliche Schmerzen zu bereiten. Was ich zu dem Zeitpunkt überhaupt nicht verstand und darüber eigentlich nur den Kopf schüttelte, denn trocknen kann eine Hose auch zwischen Socken und Laken, sagte ich damals immer zu ihr und zu mir. Jetzt in diesen Tagen – nun schon selbst zur alten Generation gehörend – kann ich das alles besser nachvollziehen, auch wenn ich heute einen Trockner in meiner Waschmaschine haben, die Wäsche also nur noch zusammenlegen muss und ganz vereinzelt mal ein Stück bügle. Heute weiß ich, dass man auch eine notwendige und mühevolle Arbeit mit einem eigenen Anspruch erledigen sollte und dass man dann wirklich inneren Stolz und Befriedigung auf das Vollbrachte empfinden kann.

(Diese Erinnerungen wurden aufgeschrieben von Helma Hörath.)

Frauenerinnerungen, verarbeitet in einem Roman

Große Wäsche – zweimal im Jahr

Gefunden in dem Buch „Drei Fräulein an der Jungfernbrücke" von Claus Back

Berlin, etwa 1700,
im Haushalt des Webermeisters Rönnebeck:

Zweimal im Jahre veranstaltete Frau Elisabeth große Wäsche. Vier Wäscherinnen wurden auf zwei Tage für zwanzig Silbergroschen gedungen. Es waren Frauen von Tagelöhnern und Hökern aus dem Winkel hinter der Marienkirche, wo die Ärmsten der Armen dichtgedrängt in verfallenen Hütten hausten ...

Um den ungeheuren Berg der Halbjahreswäsche bewältigen zu können, mussten die Waschfrauen schon um zwei Uhr nachts anfangen. Aber statt der erwarteten vier erschienen nur drei... Frau Elisabeth war höchst ärgerlich. Nun musste sie selber mit Hand anlegen und achtzehn Stunden lang auf den Beinen sein. Einer Frau aus dem Handwerkerstand war das eigentlich nicht zuzumuten!

Das Waschhaus befand sich auf dem Hof. Dort begannen tief in der Nacht die Holzpantoffeln zu klappern, die Bütten und Kübel zu poltern und laute Stimmen in reinem Platt zu erschallen. Als Marie Blanchet am frühen Morgen zum Brunnen kam, um Waschwasser für die drei Schwestern zu holen, hörte sie derbes Stampfen und Klatschen und sah mit Entsetzen, dass Meister Röhnebecks laugendurchtränkte Hemden auf Brettern mit Klöppeln geschlagen und misshandelt wurden.

Bald darauf erschien noch eine besondere Spülfrau im Haus, und nun wurde unter der Pumpe gespült und geblaut, bis sich der Rinnstein des Hofes dunkelblau färbte.

Da fiel Frau Elisabeth plötzlich mit Schrecken ein, dass sie ursprünglich auf den Markt hatte gehen wollen. Ihre Tochter Grete hatte ihr dabei wie eine Magd den Henkelkorb tragen sollen. Was tun? Eine Wäscherin fehlte. Mutter und Tochter konnten nicht beide fort. Sollte Frau Elisabeth allein gehen? Aber nein, als ehrbare Meisterin sich mit dem Korbe abschleppen? Da würde man mit den Fingern auf sie weisen und lachen.

Frau Elisabeth ließ den schweren blauweißkarierten Bettbezug, den sie mit ihrer Tochter ausgewrungen hatte, in eine Tragbütte sinken, streckte den schmerzenden Rücken und sprach: „Grete, es tut mir leid, dass ich nich auf den Markt kann... Geh du allein auf den Köllnischen Fischmarkt, hol zehn Pfund … Schweinefleisch und zwei Dutzend Hamburger Speckböklinge for den Abend, das Stück zu zwei Groschens. Zieh dir um, kleide dir reinlich, feilsche fleißig und gib acht, dass dir die Marktweiber nich übers Ohr hauen!"

Vor Jahren hatte ich dieses Buch geschenkt bekommen, immer mal wieder zur Hand genommen und darin gelesen, weil die Handlung so plastisch beschrieben war. Ich nahm immer an, dass Claus Back, der sich bis zu seinem Tode im Jahr 1969 in Potsdam als gründlich recherchierender Autor historischer Romane einen Namen gemacht hatte, diese Szene nicht frei erfunden hat. In diesen Tagen erfuhr ich in einem Telefonat mit Martin Back, dem Sohn des Schriftstellers, dass sein Vater u. a. auch in dieser Szene die Erinnerungen seiner Ehefrau, Anne-Sofie Back, verarbeitete. Heute lebt die Mutter meines Gesprächspartners 90jährig in einem Altersheim bei Halle.

Dass zum Waschen oft Kleidung von vielen Wochen gesammelt wurde, das berichtete mir auch meine Mutter Marianne Hörath (1923 - 2011). Sie verbrachte Kindheit und Jugend in Altranft bei Bad Freienwalde. Wiederholt erzählte sie davon, wie auf den größeren Bauernhöfen der Umgebung nur etwa zweimal oder dreimal im Jahr die Wäsche gemacht wurde. Dazu wurden Tagelöhner-Frauen geholt, die für ihre Arbeit mit Naturalien bezahlt wurden. Zwischen den Waschtagen wurde in dem Waschkessel das schmutzige Geschirr gelagert. War der Kessel voll, wurde das Geschirr abgekocht und gesäubert. Auch für diese Arbeit wurden Frauen aus der Nachbarschaft geholt.

Helma Hörath

Die alte Waschfrau

von Adelbert von Chamisso (1781 bis 1838)

Du siehst geschäftig bei den Linnen
Die Alte dort im weißen Haar,
Die rüstigste der Wäscherinnen,
Im sechsundsiebenzigsten Jahr.
So hat sie stets mit saurem Schweiß
Ihr Brot in Ehr' und Zucht gegessen
Und ausgefüllt mit treuem Fleiß
Den Kreis, den Gott ihr zugemessen.

Sie hat in ihren jungen Tagen
Geliebt, gehofft und sich vermählt;
Sie hat des Weibes Los getragen,
Die Sorgen haben nicht gefehlt;
Sie hat den kranken Mann gepflegt;
Sie hat drei Kinder ihm geboren;
Sie hat ihn in das Grab gelegt
Und Glaub' und Hoffnung nicht verloren.

Da galt's die Kinder zu ernähren;
Sie griff es an mit heiterm Mut;
Sie zog sie auf in Zucht und Ehren,
Der Fleiß, die Ordnung sind ihr Gut.
Zu suchen ihren Unterhalt,
Entließ sie segnend ihre Lieben;
So stand sie nun allein und alt,
Ihr war ihr heitrer Mut geblieben.

Sie hat gespart und hat gesonnen
Und Flachs gekauft und Nachts gewacht,
Den Flachs zu feinem Garn gesponnen,
Das Garn dem Weber hingebracht;
Der hat's gewebt zu Leinewand;
Die Schere brauchte sie, die Nadel,
Und nähte sich mit eigner Hand
Ihr Sterbehemde sonder Tadel.

Ihr Hemd, ihr Sterbehemd, sie schätzt es,
Verwahrt's im Schrein am Ehrenplatz;
Es ist ihr Erstes und ihr Letztes,
Ihr Kleinod, ihr ersparter Schatz.
Sie legt es an, des Herren Wort
Am Sonntag früh sich einzuprägen,
Dann legt sie's wohlgefällig fort,
Bis sie darin zur Ruh' sie legen.

Und ich, an meinem Abend, wollte,
Ich hätte, diesem Weibe gleich,
Erfüllt, was ich erfüllen sollte
In meinen Grenzen und Bereich;
Ich wollt', ich hätte so gewußt
Am Kelch des Lebens mich zu laben
Und könnt' am Ende gleiche Lust
An meinem Sterbehemde haben.

204. ZEIGT HER EURE FÜSSE

1.-8. Zeigt her eu-re Fü-ße, zeigt her eu-re Schuh und
se-het den flei-ßi-gen Wasch-frau-en zu!

1. Sie
2. Sie

wa-schen, sie wa-schen, sie wa-schen den gan-zen Tag.
spü-len, sie spü-len, sie spü-len den gan-zen Tag.

T: Albert Methfessel (1785–1869)   M: volkstümlich (gleichlautend mit *Hinaus in die Ferne*)

3. Sie wringen …
4. Sie hängen …
5. Sie legen …
6. Sie bügeln …
7. Sie ruhen …
8. Sie tanzen …

Baader II S. 206
Gaß-Tutt Nr. 42
Hoerburger Nr. 140
Klein 1 S. 20
Kühn S. 191
Lewalter/Schläger Nr. 241, S. 329 u. 71
Lorbe Nr. 128, S. 187
vgl. Segler *Volkslied* S. 687
Stückrath Nr. 3504
Ungerer S. 40
Wehrhan *Frankfurt* Nr. 3270

Die Kinder bilden einen Kreis. Im ersten Teil des Liedes strecken sie im Takt abwechselnd die Füße vor. Im zweiten Teil ahmen sie die verschiedenen Arbeitsvorgänge nach – für Kinder aus dem »Waschmaschinen-Zeitalter« wahrscheinlich gar keine leichte Aufgabe!

Kleines Lexikon

WASCHMITTEL

Gemische verschiedener Substanzen in flüssiger, gelartiger oder pulverförmiger Art zum Reinigen von Textilien

Am Anfang nutzten die Menschen vermutlich nur den Wascheffekt des reinen Wassers, der durch Reiben, Schlagen und Treten der Wäschestücke verstärkt wurde. Der griechische Dichter Homer beschreibt in der Odyssee, wie die Königstochter Nausikaa und ihre Gefährtinnen die Wäsche am Strand waschen und zum Bleichen in die Sonne legen. Im alten Rom nutzte man eine erste Art von Waschmittel. Man sammelte Urin, vergor ihn und reinigte damit die Wäsche. Die Sumerer überlieferten der Nachwelt, wie man aus Holzasche und Öl eine seifenähnliche Substanz herstellen kann. Auch von den Ägyptern, Galliern und Germanen ist bekannt, dass sie verstanden, Fette und Öle zu verseifen und diese für Kosmetik und Heilmittel nutzten. Erst der griechisch-römische Arzt Galenos (130 – 200 n. Chr.) machte auf die reinigende Wirkung von Seife aufmerksam. Araber, Spanier, Italiener und Franzosen brachten die Seifensiederei zur Hochblüte, als sie den Ölbaum als Rohstofflieferant entdeckten. Ab dem 14. Jahrhundert gab es in Deutschland Seifensieder-Zünfte.

Mit dem Beginn des 20. Jahrhunderts wird Seife immer mehr in Waschmitteln eingesetzt und mit Soda, Wasserglas sowie Natriumsilicat kombiniert. Dadurch musste die Wäsche nicht mehr so stark mechanisch behandelt werden und die Kleidung wurde durch die Wäsche nicht mehr so schnell abgenutzt. Die Flecke lösten sich auch im kalten Wasser, was Brennmaterial und Seife sparen half. Durch die Weiterentwicklung der Technik konnte ab 1960 das Waschen von Textilien immer mehr von der Hand- auf Maschinenwäsche umgestellt. Dadurch veränderte sich die Zusammensetzung der Waschmittel.

Alle weiteren Begriffserklärungen in alphabetischer Reihenfolge

GEMOL
Wasserweichmacher

Gemol kam in das Wasser, in dem die Kleidung vor dem Waschen eingeweicht wurde. Es entzog dem Wasser die Hartmacher. Das Waschmittel Gemol war eine echte DDR-Erfindung. Hergestellt wurde es in einem ehemaligen Persilwerk in Genthin, das 1946 verstaatlicht wurde. 1954 kam Gemol rapid auf den Markt, "die neue Bleichsoda zum Enthärten und Einweichen". Als die Industrie der DDR genügend Waschmaschinen produzieren konnte, wurde das Einweichen nach und nach überflüssig.1968 kam in der DDR das Vollwaschmittel "Spee" heraus. Trotzdem wurde Gemol noch bis 1988 produziert.

KERNSEIFE
Meist Natriumsalze von Fettsäuren, Grundlage für die Herstellung von Feinseifen; dient der Vorbehandlung von Flecken

Ihr Name ergibt sich aus dem besonderen Herstellungsverfahren. Dabei wird einer Seifenmasse, die in viel Wasser gekocht wird, Kochsalz, also Natriumchlorid, beigegeben. Dadurch verfestigt sich sich und schwimmt als fester Kern an der Wasseroberfläche. Kernseife ist geruchlos, hat eine weiße bis bräunliche Farbe und einen Fettsäuregehalt von etwa 75 Prozent. Sie wird meist aus Fetten geringerer Qualität gewonnen. Mit Hilfe der Seife können viele, eigentlich nicht in Wasser lösliche Stoffe wie Fette und Öle mit Wasser abgespült werden. Heute werden Seifen in Waschmitteln nur noch als Entschäumer eingesetzt.

HENKO
Bleich-Soda

Waschsoda ist ein Salz der Kohlensäure. Es ist ein Einweich- und Enthärtungsmittel, das zur Vorbehandlung stark verschmutzter Wäsche genommen wurde.

Erstmalig wurde 1909 in der Schweiz durch die Firma Henkel Bleich-Soda unter der Marke Henco vertrieben.1921 erscheint Henkels Bleich Soda in Deutschland unter dem Namen Henko. Die Produktion von Henko wurde Anfang der 1990er Jahre eingestellt.

LINDA
Niedrigtemperaturwaschmittel; Paste

Die Produktion dieser weißen Waschpaste wurde 1951 in Schwerin aufgenommen. Es wurden Handwasch- und Fleckenpasten entwickelt und vertrieben.1955 kam „Linda neutral" in den DDR-Handel. Linda wird noch heute zur Vorbehandlung von Flecken oder zur Handwäsche benutzt.

PERSIL
Vollwaschmittel; benannt nach seinen ursprünglichen Hauptbestandteilen Perborat (Natriumperborat als Bleichmittel) und Silikat (Natriumsilikat als Schmutzlöser)

Forscher der Firma Henkel entwickelten 1907 ein selbsttätiges Waschmittel. (Selbsttätig bedeutet, nicht mehr schrubben zu müssen.) Die chemische Zusammensetzung dieses Waschmittels ermöglichte das Lösen des Schmutzes ohne mechanisches Zutun.1908 gab Henkel eine Garantie auf die sichere Anwendung des Mittels ab und wollte jeden durch den Gebrauch von Persil entstehenden Schaden ersetzen.

In der DDR produzierte das 1921 gegründete Henkel-Werk in Genthin zunächst als VEB Persil-Werk und dann als VEB Waschmittelwerk Genthin bis 1968 auch ein Persil genanntes Waschmittel. Nach der Enteignung im Jahr 1945 hatte man in Genthin die Markenrechte für Persil, ATA, IMI und SIL für den Osten behalten. Als das Waschmittel „MILWA" Ende der 1950er Jahre auf den Markt kam, verlor die Marke „Persil" in der DDR sehr an Bedeutung. Nach Einführung der neuen Genthiner Marke „Spee" im Jahre 1968 wurde dieses schnell zum meistverkauften Waschmittel der DDR. Die Produktion von „Persil" wurde in der DDR eingestellt. Heute ist Persil das meistgekaufte Waschmittel in Deutschland.

SCHMIERSEIFE
Auch Grüne Seife genannt; pastöse und flüssige Seifen

Sie werden aus minderwertigen Fetten mit Kalilauge hergestellt werden. Es sind Kalium-Salze der niederen Fettsäuren. Dagegen sind die Natriumsalze der höheren Fettsäuren fest und werden Kernseifen genannt. Die Waschwirkung von Schmierseife beruht darauf, dass die Oberfläche der zu reinigenden Materialien benetzt wird und sich der Schmutz in der Waschlösung verteilt.

SIL
Wasch- und Bleichmittel

SIL ermöglicht eine zusätzliche Bleichbehandlung schon im ersten heißen Spülbad, enthärtet das Spülwasser und vermindert die Entstehung von Kalkablagerung auf der Wäsche. SIL kann für Weißwäsche und für unansehnlich gewordene Wäsche benutzt werden.

SPEE
Vollwaschmittel für den Niedrigtemperaturbereich

Der Markenname ist eine Abkürzung des Begriffs **Spe**zial-**E**ntwicklung. Das Warenzeichen wurde 1966 angemeldet. Es zeichnete sich durch deutlich verbesserte Waschkraft bei niedrigen Temperaturen aus. Das war wichtig für die inzwischen sehr verbreiteten Synthetikfasern. Es hatte eine geringere Schaumentwicklung und war dadurch besser für die Wäsche in Waschmaschinen geeignet. Schon kurz nach seiner Einführung wurde Spee zum meistgekauften Waschmittel in der DDR. Bis dahin hatte das 1948 entwickelte MILWA diesen Rang inne. Ab 1973 gab es zusätzlich die Sorte „Spee gekörnt", ab 1975 die Sorte „Spee syntex" und in den 1980er Jahren kam „Spee Color" hinzu. Spee war eine der wenigen ostdeutschen Marken, die sich nach 1990 in der gesamten Bundesrepublik durchsetzen konnte.

WÄSCHEBLAU
Aufheller für weiße Textilien

Vor 200/300 Jahren bis in die 1950er Jahre hinein wurde beim Waschen sogenanntes Waschblau in Form von Tabletten, Pulver, Papierstreifen oder Paste in das Wasser des letzten Spülgangs gegeben. Tabletten und Pulver bestanden im Wesentlichen aus gepresstem Stärkemehl, das mit Pigmenten von Ultramarin gemischt war. Eine zu hohe Konzentration führte zu einer Blaufärbung, die mit Zitronensäure wieder beseitigt wurde.

Die Blaustoffe im Wäscheblau greifen die Stofffasern nicht an und verdecken den Grauschleier, der durch Ablagerungen von Kalkseife entsteht. Kalkseife ist ein Umsetzungsprodukt von Natrium- und Kaliumseifen mit der Kalziumhärte des Wassers. Auch gelbliche Verfärbung von gealterten Woll-, Baumwoll- und Leinenstoffen wurden damit abgedeckt. Der Wäsche wurde ein leichter Blaustich verabreicht. Dieser wirkte als Komplementärfarbe zum „Gilb", wodurch das Auge wieder mehr Weiß wahrnahm. Um das Jahr 1840 begann die industrielle Herstellung von Wäscheblau. Von diesem Zeitpunkt an wurde dieses Mittel in großen Mengen zur Wäschepflege genutzt.

Bestandteil der modernen Waschmittel sind optische Aufheller für den Weißegrad. Da diese den fehlenden blauen Lichtanteil durch Fluoreszenz ersetzen, ist ihre Wirkung wesentlich effektiver und die Wäsche sieht besonders weiß aus.

WOK
Waschmittel im Niedrigtemperaturbereich

Es ist ein DDR-Waschmittel. Sein Name bedeutet „**W**aschen **O**hne **K**ochen" und wurde ab 1965 im VEB Waschmittelwerk Genthin hergestellt.

(Diese Zusammenstellung entstand auf der Grundlage von Recherchen bei Wikipedia.)

Zum Lesen empfohlen:

Weber-Kellermann, Ingeborg: Das Buch der Kinderlieder, Kulturgeschichte, Noten, Texte; Mainz, 1997

Kommt herbei zum großen Kreis! Bewegungsspiele für Vorschulkinder, Berlin, 1969

Back, Claus: Drei Fräulein von der Jungfernbrücke, Berlin, 1961

Pantelejew, L.: Große Wäsche, Der Kinderbuchverlag Berlin, 1952

Stebe, Josephine / Hrsg.: Töchter Album, 69. Band, darin der Aufsatz „Die Aussichten für die hauswirtschaftlichen Berufe", Berlin, 1923